掇菁撷华

河南博物院征集文物图录（1997—2018）

河南博物院 编

中原出版传媒集团
中原传媒股份公司

大象出版社
·郑州·

图书在版编目(CIP)数据

掇菁撷华：河南博物院征集文物图录：1997—2018／河南博物院编.—郑州：大象出版社，2020.7
ISBN 978-7-5711-0628-7

Ⅰ.①掇… Ⅱ.①河… Ⅲ.①博物馆-历史文物-河南-1997-2018-图集 Ⅳ.①K872.61-64

中国版本图书馆CIP数据核字(2020)第092504号

DUO JING XIE HUA
掇菁撷华
河南博物院征集文物图录(1997—2018)
河南博物院 编

出 版 人 王刘纯
责任编辑 李小希
责任校对 安德华 毛 路
装帧设计 王莉娟

出版发行 大象出版社(郑州市郑东新区祥盛街27号 邮政编码450016)
发行科 0371-63863551 总编室 0371-65597936
网 址 www.daxiang.cn
印 刷 河南瑞之光印刷股份有限公司
经 销 各地新华书店经销
开 本 880 mm×1230 mm 1/16
印 张 21
字 数 235千字
版 次 2020年7月第1版 2020年7月第1次印刷
定 价 186.00元

印厂地址 武陟县产业集聚区东区(詹店镇)泰安路与昌平路交叉口
邮政编码 454950 电话 0371-63956290

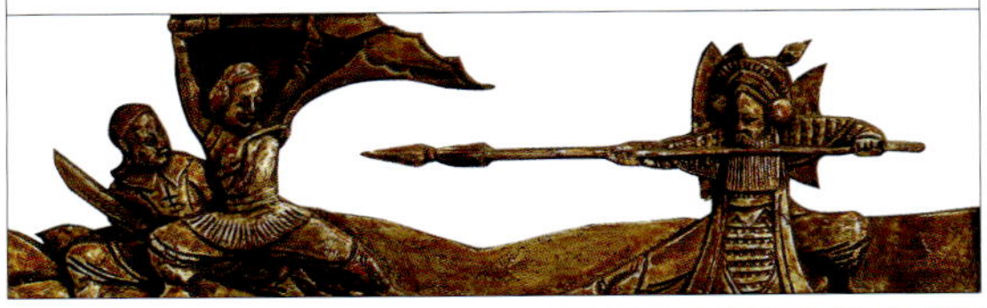

前言

文物是人类在历史发展过程中遗留下来的遗物和遗迹。各类文物从不同的侧面反映了各个历史时期人类的社会活动、社会关系、意识形态及利用自然、改造自然的状况，是人类宝贵的历史文化遗产。文物藏品是博物馆的物质基础，是博物馆开展科研、展览、教育等各项工作的有力支撑和保障。因此，积极开展文物征集工作，保证文物藏品的来源，对博物馆的可持续发展具有重要意义。

结合自身发展定位，有计划地开展文物征集工作，不断丰富院藏文物，是河南博物院历来所秉持的文物入藏原则。20 世纪 90 年代以前，河南博物院与国内其他博物馆一样，以面向全省文物部门的调拨、移交为主要文物征集方式，接收捐赠和购买较少。新世纪以来，随着社会经济的发展，调拨、移交等带有强烈行政色彩的征集方式逐渐进入瓶颈期。河南博物院曾在 1998 年新馆开馆前最后一次大规模接收全省调拨、移交的文物，此后 20 余年移交和调拨的文物藏品较少，面临着新入藏文物渐趋枯竭的窘境。

多年来，河南博物院在河南省文化厅、河南省文物局等单位的大力支持下，在历届院领导的带领下，藏品保管部的赵新来、傅玉芳、杨爱玲、王玮、陈娟、张建民、刘小磊等几代文物征集工作者薪火相传、共同努力，不断开拓文物征集渠道，以购买、接受捐赠等方式陆续征集了自新石器时代至近现代的陶器、瓷器、青铜器、铁器、锡器、玉器、石器、木漆器等文物藏品 6300 余件（套）。这些文物极大地完善了河南博物院藏品体系，其中有相当一部分藏品充实到了基本陈列或专题展览中，有力地促进了科学研究、社会教育等工作的开展，为河南博物院的发展注入了新的活力。

长期以来，河南博物院文物征集工作由藏品管理部分管，设专人负责具体的征集工作。在开展征集工作时遵循以下原则：第一，规范文物征集工作程序。河南博物院1999 年、2013 年颁布实施的《河南博物院藏品管理制度》中即有关于藏品征集的相关条款，2018 年又制定了《河南博物院文物征集管理办法》，不断补充、完善文物征集管理制度。第二，加强文物征集结构的合理化，优先征集能够反映河南地域文化发展特色的历史文物，同时重视近现代文物资料的征集，使有限的财政经费尽可能多地用于征集所需的精品文物。第三，尽可能全面地搜集所征集文物的原始信息，做好档案记录。第四，盘活所征集的文物资源，通过科研、展览、社会教育等工作，为公众提供丰富多彩的文化产品。

为了回顾河南博物院 20 余年来文物征集工作的发展历程，集中展示文物征集工作所取得的丰硕成果，共选取 1997 年至 2018 年间购买、接受捐赠的精品文物 235 件（套）集结成录。本图录按所征集文物的类别进行编排，共分为陶瓷器，金属器，玉器，墓志石刻，雕砖，服饰，纸质、影像文物，杂项，书画，紫砂等十大类。由于篇幅有限，不能将河南博物院 20 余年来所征集的文物一一列举，唯有掇菁撷华，以飨读者。

目录

陶瓷器

陶珠

◆◆ 仰韶文化时期（前5000年—前3000年）

◆◆ 直径3.4厘米

◆◆ 2001年5月接受捐赠

◈ 泥质红陶胎，捏塑成型。体呈圆形，周身表面有深浅不一的不规则圆形浅坑，坑呈凹点状，造型古朴，浑然天成。陶珠上无孔，应不是作为装饰所用，可能为当时的投掷物或玩耍物。

方格纹陶拍

◆◆ 龙山文化时期（前2500年—前2000年）

◆◆ 高4.7厘米，长6.3厘米，宽4.2厘米

◆◆ 2000年12月接受捐赠

◈ 夹砂灰陶胎，手制成型。体为扁平长方形，正面刻画粗细不一的方格纹，背面有一泥条半圆形把柄，用于手握。陶拍是制作陶器的原始工具之一，使用陶拍在陶器成型的外壁拍打，既可使陶坯更加紧密牢固，也可在陶器表面留下装饰性的纹饰，使陶器兼具实用性和美感。

高柄陶豆

◆◆ 龙山文化时期（前2500年—前2000年）

◆◆ 高26厘米，口径20.5厘米，足径13.3厘米

◆◆ 1997年7月接受捐赠

◇ 泥质黑陶胎，轮制成型。敞口，浅斜腹，下有多弦纹喇叭形高柄圈足，通体磨制光滑。泥质黑陶较之红陶、灰陶烧成温度更高，烧制时采用渗炭方法使陶器呈现出如漆般的黑亮，需要较高的烧制技术，是龙山文化时期制陶高水平的代表。这件高柄陶豆器形规整匀称，做工精细，质地坚硬，表面漆黑光亮，素面无纹，具有简约秀美的韵致。

绳纹陶斝

◆◆ 龙山文化时期（前2500年—前2000年）

◆◆ 高24.7厘米，口径19.5厘米，足距分别为15厘米、15.5厘米、16.5厘米

◆◆ 1997年2月接受捐赠

◈ 泥质灰陶胎，手、轮制成型。体为圆形，敞口，口沿外翻，高领，折腹，圜底，下附三空高锥足。腹下部有一周不规则宽带模印细绳纹装饰。斝是一种具有明显腹部且腹下安有三个独立空足的器型。陶斝出现于新石器时代庙底沟二期文化，而后一直沿用至龙山文化末期。与商周时期作为酒器使用的铜斝不同，新石器时代的陶斝一般作为炊器使用。

青釉双系瓷罐

◆◆ 西周（前1046年—前771年）

◆◆ 高8.5厘米，口径6厘米，足径9.3厘米

◆◆ 2004年3月征集

◈ 灰白瓷胎，轮制成型。体为圆形，敛口，折腹，下收大圈足。上腹部有对称宽带双系（其中一侧系残缺），双系两端对称贴塑四个小圆饼作为装饰。腹部有多道明显轮制痕迹，通体施青釉，釉面不匀，低洼处有聚釉现象，略高的凸棱或表面釉层稀薄。西周是原始瓷蓬勃发展的时期，此时的原始瓷造型浑朴古拙，器物成型不甚规整，器壁厚薄不匀，其纹饰与装饰渐趋多样化，新出现了斜方格纹、席纹、贴塑“S”形附加堆纹等。该罐造型古朴，胎质坚硬，釉层较薄，个别处露出胎质，吸水性较弱，属于早期青瓷产品，反映了西周时期的制瓷工艺水平。

绳纹陶罐

◆◆ 春秋时期（前770年—前476年）

◆◆ 高12.5厘米，口径12.1厘米

◆◆ 2001年2月接受捐赠

◈ 泥质红陶胎，轮制成型。体为圆形，侈口，圆唇，颈微束，溜肩，圆腹，下收圜底。肩部有一周凸弦纹，腹至底部拍印不规则的粗绳纹作为装饰。该罐规整大方，陶质细腻，模印纹饰清晰可见。

绳纹陶罐

◆◆ 战国时期（前475年—前221年）

◆◆ 高32.5厘米，口径13.3厘米

◆◆ 1997年7月接受捐赠

◈ 泥质灰陶胎，轮制成型。体为圆形，直口，圆唇，短颈，折肩，圆柱体腹，圜底。口至肩部为素面，腹部拍印粗绳纹。该罐器形匀称，古朴庄重，纹饰清晰，保存完整，是战国时期至汉代常见的器型之一。

彩绘茧形陶壶

◆◆西汉（前206年—25年）

◆◆高25.6厘米，口径10.5厘米，足径8.4厘米

◆◆1997年2月征集

◈ 泥质灰陶胎，轮制成型。体为茧形，侈口，折沿，矮颈，茧形腹，喇叭式小矮圈足。腹部以黑、白彩绘云气纹。茧形壶初时为战国时期秦国所常见，后盛行于两汉时期，多作为存储器使用。器身所绘的云气纹是当时流行的装饰性纹饰之一，也是汉代升仙思想盛行的真实反映。

褐红釉博山盖陶熏炉

◆◆ 西汉（前206年—25年）

◆◆ 通高17厘米，口径11.5厘米，足径10.3厘米

◆◆ 1997年8月征集

◈ 泥质红陶胎，轮制成型。体为圆形，子母口，浅盘形腹，喇叭形高圈足，上承镂孔博山盖，盖通体施红釉。博山炉是汉代常见的焚香器具，炉体多呈豆形，上有镂空的盖，盖呈高而尖的山形，其间多雕有飞禽走兽。当炉内燃烧香料时，烟气从镂空的山形中散出，有如仙气缭绕，象征着传说中的海上仙山——博山，因而得名博山炉。博山炉不仅作为实用器使用，也常作为明器随葬于墓葬之中，以供墓主死后享用，这件褐红釉博山盖陶熏炉即是用于随葬的明器。

彩绘陶方案（9件）

◆◆ 西汉（前206年—25年）

◆◆ 案长56.7厘米，宽37厘米，厚1.5厘米

耳杯口部长12厘米，宽8.8厘米，底部长7厘米，宽2.7厘米

◆◆ 2015年5月接受捐赠

◈ 泥质灰陶胎，一套共9件，由案1件、耳杯8件组合而成。案为模制成型，呈扁平长方形，四周起窄台。耳杯均为手制，呈椭圆形，敞口，斜腹外撇，平底，两侧有对称月牙形耳。案和耳杯上均有红、白色彩绘。耳杯作为汉代广泛使用的日用品，主要用来盛酒水或食物，多与长案、方案配套使用，陶案和耳杯也是汉墓中较常出现的组合随葬品。这套陶案和耳杯是为陪葬而制作的明器，从一个侧面反映了汉代的日常生活。

彩绘陶奁（2件）

◆◆ 西汉（前206年—25年）

◆◆ 上：高10.5厘米，口径18厘米，足距19.7厘米

下：高12.8厘米，口径19厘米，足距18厘米

◆◆ 2015年5月接受捐赠

◈ 泥质灰陶胎，轮制成型。体为圆形，两陶奁均为圆筒形腹，平底，下附三兽蹄形短足。奁体中部施红色彩绘。奁是我国古代流行的一种专门放置女性梳妆用品的器具。两汉时期的奁多呈圆筒形，下附三兽蹄形足，有的还配有博山式盖，兼具实用性与艺术观赏性。这两件陶奁器形简洁规整，除彩绘外没有过多的装饰，是随葬的明器。

陶灶

◆◆ 东汉（25年—220年）

◆◆ 高8厘米，长24.5厘米，宽19.5厘米

◆◆ 1998年12月征集

◈ 泥质灰陶胎，分体模制成型。体呈长方形，前壁中央有一正方形灶门，灶面上置前后二釜，釜周围模印鱼、瓢、刀、几、龟、耳杯、碗、盖等，四周为宽带棱形边饰。整个灶的造型模拟生活中的灶，形制写实，灶面布局错落有致，繁而不乱，内容丰富，生活气息浓郁。汉代“事死如事生”观念及祭灶思想的盛行，促使人们将日常生活中的灶具制作成明器模型随葬于地下，以侍奉墓主人。该陶灶生动地再现了汉代的社会文化和饮食习俗。

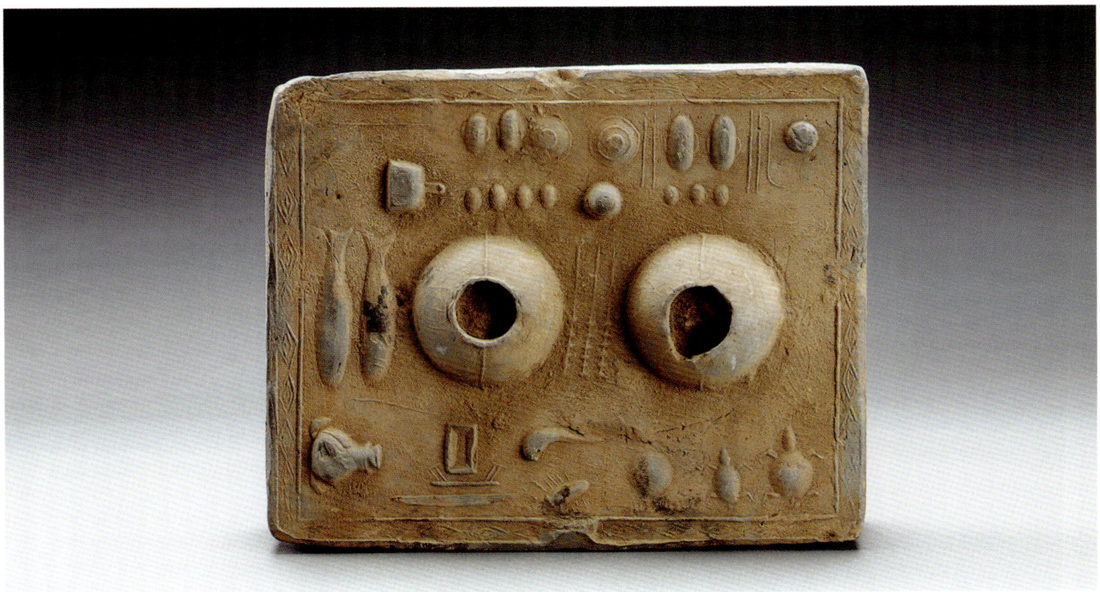

四神画像陶灶

◆◆ 东汉（25年—220年）

◆◆ 高12.5厘米，长32厘米，宽21厘米

◆◆ 2016年12月征集

◈ 泥质灰陶胎，分体模制成型。体呈长方形，前壁中央有半圆形灶门，灶台上有两个火眼，上均置釜，釜后方有一圆形排烟孔，灶面两釜两侧各模印一条鱼。灶前壁灶门两侧各模印一玄武，门上模印一鹰。两侧分别模印羽人翼龙和武士斗虎图案。后壁模印一朱雀。《礼记·曲礼》云："前朱雀而后玄武，左青龙而右白虎。"可见四神之名在汉代已经出现，并在社会上盛行。除了代表方位和四方星宿，汉代的四神还被赋予了升仙、求福避邪、祥瑞等多重意义，其艺术形象也频见于汉代遗存之中。该陶灶模印精致，以简单的线条勾勒出栩栩如生的四神、武士等形象，是一件珍贵的汉代艺术品。

刻画纹陶灶

◆◆ 东汉（25年—220年）

◆◆ 高17.3厘米，长19.5厘米，宽14.5厘米

◆◆ 1999年12月接受捐赠

◈ 泥质灰陶胎，分体模制成型。体呈长方形，前壁中央有半圆形灶门，后端有一高出灶面的梯形火墙，火墙内面模印棱形纹饰。灶面刻画长方形纹饰，中间有一火眼，上置甑、釜。

陶猪圈

◆ 东汉（25年—220年）

◆ 通高19.3厘米，长32厘米，宽24厘米

◆ 2012年3月征集

◈ 泥质灰陶胎，分体模制成型。体呈长方形，一侧有三台阶可进入高台，台面对角为双厕：一角有五脊四阿顶，内为长方形便厕，另一角为露天，内为长方形便厕。台下为猪圈，圈内卧有母子猪。三面高墙为悬山顶，墙稍低于两侧。高台平面刻菱形纹、圆圈纹和砖纹，左后墙中部以下刻排列砖纹，后墙上部刻有两个小三角镂空。猪圈是汉代墓葬中常见的随葬明器之一，多采用猪圈与厕所合一的建筑形式，模拟现实生活中的猪圈按一定比例制成，其造型饶有趣味，功能齐全，反映了汉代的生活方式和建筑特色。

彩绘乐舞杂技百戏陶俑群（23件）

◆◆ 东汉（25年—220年）

◆◆ 高14—20厘米

◆◆ 2012年12月征集

◈ 泥制灰陶胎，手、模制成型。一组共23件，主要包括吹排箫俑6件、吹埙俑2件、持物伎乐俑6件、击掌俑2件、无臂乐俑3件、百戏俑3件、舞俑1件。陶俑中部分有残断或残缺，大多彩绘基本脱落，表层被泥土覆盖。陶俑神采各异、形象生动，充分展现了器乐、舞蹈、杂技等汉代俗乐表演形式，反映了汉代乐舞杂技文化，为研究汉代乐舞杂技百戏艺术提供了难得的实物资料。

彩绘多枝百花陶灯

◆◆ 东汉（25年—220年）

◆◆ 通高108厘米，底径50厘米

◆◆ 2012年1月征集

◈ 泥质灰陶胎，手、轮、模制成型。体为圆形，主要由灯干、灯座和灯盆三大部分组合而成，顶部为一只昂首展翅的彩绘朱雀形灯盏，灯干部分交替插入10支曲枝灯盏和9条细长龙。灯座为喇叭形，象群峰环抱的山峦，塑有4棵常青树挺立在山峦之中，山峦上塑有跪坐俑、拉弓欲射俑、骑马俑、抱子俑及羊、兔、蝉等形象，其奔腾跳跃或坐、卧、蹲、伏的姿态令人叹为观止。其中蝉的形象体现了汉代人渴望死后重生、升仙的愿望，反映了汉代盛行的丧葬观念。这件彩绘多枝百花陶灯器形高大，造型优雅，技艺精湛，想象力丰富，是汉代陶灯的代表作品之一。

绿釉熊顶陶灯

◆◆ 东汉（25年—220年）

◆◆ 通高38厘米，盘径17厘米，底径19厘米

◆◆ 2014年9月征集

◈ 泥质红陶胎，轮、模制成型。体为圆形，由灯盏、柄、座组合而成。灯盏直口，直壁，浅腹，平底。柄为熊形，熊双耳竖起，目视前方，嘴前伸，张口露齿，肚外露，背拱起，短尾后甩，前双腿上伸，上承灯盏。灯座为倒喇叭形。通体施绿釉。早在商周时期，熊的形象已经出现在玉器、铜器中，这一习俗在汉代得到延续，尤其是呈托举状的熊形象，在奁、灯、陶楼等器物中多有出现，这可能与熊是力量的象征有关。这件绿釉熊顶陶灯将灯柱塑造为蹲熊的形象，头上承托灯盏，构思巧妙，生动活泼，既反映了汉代人的生活情趣，也体现了汉代的崇熊文化。

绿釉三层陶望楼

◆◆ 东汉（25年—220年）

◆◆ 通高93厘米，面阔38厘米，进深41厘米

◆◆ 2012年4月征集

◈ 泥质红陶胎，手、模制成型。整体分为三层，由院落、楼阁、房屋组合而成。第一层为长方形院落，三面矮墙出宽檐，正面中央为大门，左边开半扇门，右边门口站立一人俑，门顶为五脊四阿顶亭楼，两侧有对称阙楼。院内中央为三层楼阁，第一层为镂空高框架，上有四阿顶，四角有柿蒂装饰。第二层三面开窗，四周有围廊，正面两角各站立一人俑，楼四角出方形柱，上承四阿顶，四角塑有柿蒂装饰。第三层房屋四面均开窗，四周有围廊，廊三角处各站一人俑，顶为五脊四阿顶，四角塑有柿蒂装饰，中脊上站立一展翅欲飞的凤鸟。望楼是一种多设有回廊、门窗、栏杆等既可供人登高观赏又兼具武装防卫功能的建筑。东汉时期，豪强地主势力膨胀，在庄园常备有私人武装，望楼可能就是当时看家护院、巡警守卫的建筑设备，崇尚"事死如事生"观念的汉代人将现实中的望楼做成微缩的建筑明器，以供墓主人死后享用。

三层陶楼

- 东汉（25年—220年）
- 通高81.9厘米，面阔38.5厘米，进深16厘米
- 2009年3月征集

◈ 泥质灰陶胎，手、模制成型。整体分为三层，由三层房屋组合而成。第一层房屋周围三面有围廊，楼中央有竖单扇长方形门，呈微开状，门外两侧有对称斗拱。第二层房屋与第一层房屋基本相同，唯单扇门呈关闭状。第三层房屋正面中央有一斗拱，两侧开大方窗，内站立一对陶俑，上承悬山顶，中脊两端上翘。该陶楼中巨大而夸张的斗拱位于建筑的突出位置，极为引人注目，其建筑风格不属于中原地区，与重庆江北区相国寺、忠县土地岩、丰都县冉家路口等汉代墓葬中出土的陶楼接近，是四川地区汉代陶楼的典型代表。

绿釉陶水榭

◆◆ 东汉（25年—220年）

◆◆ 通高15.7厘米，盆口径24.1厘米，底径15厘米

◆◆ 2018年5月征集

◈ 泥质红陶胎，手、模、轮制成型。水榭为一整体，呈圆形，敞口，宽沿，弧腹，平底。在水榭一侧有房屋一座，上为五脊四阿式顶，下部与水榭相通。房屋旁有阶梯，一人怀中抱有一物，顺梯而下。水榭内有鱼、鸟、龟等动物。通体施绿釉，釉色较为均匀。水榭是临水而建的园林建筑，既可用于休憩游乐，也有武装警卫的作用。釉陶水榭是河南汉代墓葬中常见的随葬建筑明器之一，大多通体施绿釉，下部有方形或圆形的水池，池中立有一至三层不等的阁楼。这件绿釉陶水榭造型相对简单，呈现出汉代人在水榭中休闲娱乐的场景，对了解汉代建筑特点及社会生活有一定的参考价值。

青釉虎首双系瓷罐

◆◆ 西晋（265年—317年）

◆◆ 高18厘米，口径10.8厘米，底径11厘米

◆◆ 2000年12月征集

◈ 灰白瓷胎，轮、模制成型。体为圆形，直口，短颈，扁圆腹，平底。肩上部饰一虎首，对称处有一虎尾，间隔处有叶脉纹双系。肩部饰弦纹三周。通体施青釉，釉不到底。东汉中晚期，位于曹娥江中游的浙江上虞地区，因率先创烧出胎釉结合紧密、釉层均匀莹润的成熟青瓷，成为早期越窑的中心产地。西晋是早期越窑的大发展时期，此时社会政局动荡，战乱频仍，玄学与厚葬之风流行，受此影响，各种强调个体生命的拟动物造型、模仿现实生活及反映地主庄园经济的模型应运而生，成为这一时期青瓷艺术的主旋律。

青釉鸡首瓷壶

- 西晋（265年—317年）
- 高11.7厘米，口径6.6厘米，底径5.5厘米
- 2004年征集

◈ 灰白瓷胎，手、轮制成型。体为圆形，盘口，短颈，圆腹，平底。肩部有双竖桥形系，系间一端贴塑一很小的鸡头饰，对称一端贴塑一鸡尾。肩部饰三周弦纹。通体施青釉。鸡首壶是魏晋南北朝时期盛行的一种器型，隋代以后逐渐消失，一般认为作为酒器或茶具使用。西晋时期的鸡首壶造型简单，器型矮胖，贴塑的鸡首和鸡尾多具有象征性和装饰性。器身上的花纹装饰带，多由当时流行的斜方格网纹、弦纹等组合而成，并配以龙、虎、铺首衔环、飞禽和佛像等纹饰。模印技术的普及与大量使用，适应了当时青瓷大批量生产的要求。

青釉鸡首瓷壶

◆◆ 南朝（420年—589年）

◆◆ 高44厘米，口径12厘米，底径14.7厘米

◆◆ 2008年10月征集

◈ 灰白瓷胎，手、轮制成型。体为圆形，盘口，细长颈，溜肩，深腹，平底。肩部一侧有一鸡首流，另一侧口部至肩部为龙形柄，龙嘴紧咬壶口，形成探水之势。鸡首流和龙形柄两侧肩部各有两横桥形系。腹部饰一周倒莲瓣纹及太阳纹，通体施青釉至近足部。南北朝时期受佛教盛行的影响，鸡首壶上多装饰莲瓣纹。这件青釉鸡首瓷壶无论是造型、纹饰，还是壶体上的桥形系，都与南朝瓷器越窑烧造的鸡首壶非常相似，符合南朝青瓷的工艺与时代特征，加之体形较大，保存完好，具有较高的历史和艺术价值。

白釉瓷杯盘（7件）

◆◆ 北齐（550年—577年）

◆◆ 盘高18厘米，口径24.5厘米，足径12.5厘米

杯高6厘米，口径7.7厘米，足径3.3厘米

◆◆ 2015年12月征集

◈ 白瓷胎，轮制成型。体为圆形，一组7件组合而成，高足盘1件，杯6件。高足盘敞口外撇，浅腹，喇叭形高圈足，通体施白釉。杯敞口，斜壁，饼形实足。口至下腹部施白釉，釉色不纯，发青黄色，为河南安阳相州窑的代表性产品。北齐时期，随着制瓷技术的不断进步，瓷土和釉料中的含铁量大大降低，烧制出了釉色较青瓷更浅淡的白瓷。虽然这种白瓷火候较之唐代的白瓷低，胎釉的洁白度也不如唐代白瓷，但北齐白瓷的出现为唐代“南青北白”局面的正式形成奠定了基础。

褐釉三足陶炉

◆◆ 唐代（618年—907年）

◆◆ 高21厘米，口径14.5厘米，足距19.6厘米

◆◆ 1996年8月征集

◈ 泥质粉红陶胎，轮制成型。体为圆形，侈口，卷沿，矮束颈，鼓腹，圜底，下附三兽蹄形足。上腹部有一周凹弦纹，口沿、腹部及足部施褐釉，圜底未施釉。

三彩三足炉

◆◆ 唐代（618年—907年）

◆◆ 高19.5厘米，口径14.5厘米，足距20厘米

◆◆ 2014年10月征集

◈ 泥质白陶胎，轮、模制成型。体为圆形，侈口，卷沿，矮束颈，鼓腹，圜底，下附三兽蹄形足。肩部贴塑五组双翼展开的蝴蝶，腹部贴塑五组男子骑马俑，口至腹下端施黄、绿、白、蓝色釉。三足炉是唐代墓葬中常见的随葬品，器型厚重，多为三彩器，也有素烧者。该三彩三足炉造型规整，运用贴花工艺，增强了装饰图案的立体感，釉色斑斓，错落有致，特别是器表所施蓝彩，是以钴料为呈色剂烧成的，原料稀见，上色难度较大，尤为珍贵。

三彩三足炉

◆◆ 唐代（618年—907年）

◆◆ 高12厘米，口径12.3厘米，足距16.5厘米

◆◆ 2004年8月接受捐赠

◈ 泥质白陶胎，轮制成型。体为圆形，侈口，卷沿，矮束颈，鼓腹，圜底，下附三兽蹄形足。口至腹下端施黄、白、蓝三彩作为装饰，各色釉自然流淌，形成独特的艺术装饰效果。

三彩三足炉

◆◆ 唐代（618年—907年）

◆◆ 高16厘米，口径13.5厘米，足距21.6厘米

◆◆ 2012年5月征集

◈ 泥质白陶胎，轮制成型。体为圆形，侈口，卷沿，矮束颈，鼓腹，圜底，下附三兽蹄形足。肩至腹部用黄、绿、白釉彩绘八个椭圆形树叶纹，腹下用白、绿釉彩绘点彩纹，圜底未施釉。

三彩三足炉

◆◆ 唐代（618年—907年）

◆◆ 高14厘米，口径12厘米，足距分别为17厘米、17厘米、19厘米

◆◆ 2017年5月征集

◈ 泥质白陶胎，轮制成型。体为圆形，卷沿，矮束颈，鼓腹，圜底，下附三兽蹄形足。通体施白色化妆土，肩至腹部用黄、绿、白、蓝釉彩绘八个椭圆形树叶纹，腹下用白、绿釉彩绘点彩纹，釉不到底。

三彩钵

◆◆ 唐代（618年—907年）

◆◆ 高12.6厘米，口径12厘米，底径7厘米

◆◆ 2015年6月征集

◈ 泥质白陶胎，轮制成型。体为圆形，敛口，鼓腹，平底。口至上腹部施黄、白、绿三彩。

花釉瓷钵

◆◆ 唐代（618年—907年）

◆◆ 高8厘米，口径11.8厘米，底径6厘米

◆◆ 2011年9月征集

◈ 灰白瓷胎，轮制成型。体为圆形，敛口，鼓腹，平底。通体施褐黑釉，有两处月白色彩斑装饰。从目前的材料来看，最初通过釉色的差异来装饰的瓷器是三国吴、两晋的青瓷器，多为局部在青釉下点褐或黑彩；隋代有白釉器物，其上用釉下点黑彩的方法来描绘例如俑类的眼睛、胡须、毛发等部位；唐代有白釉绿彩器物，如瓶类、炉类等器物上有点状、带状绿彩装饰。这种装饰方法打破了单一釉色装饰器物的面貌。花釉瓷器也是通过两种釉色来装饰瓷器，与青釉点褐彩、白釉点黑彩、白釉点绿彩有相同之处，但也有自己独特创新的部分，其独特创新的效果是通过施釉工艺实现的。釉色形成视觉上的对比，底釉颜色较深，彩斑在底釉上自然流淌，纹样不定，变化多端。

花釉瓷带流澄滤器

◆◆ 唐代（618年—907年）

◆◆ 高13.2厘米，口径25.5厘米，底径15厘米

◆◆ 2018年12月征集

◈ 白瓷胎，轮制成型。体为圆形，敞口，平沿，圆腹，平底微内凹，一侧上腹部有一短流，内壁多有间隔竖形刻槽。口沿至下腹部施黑釉，上有月白色窑变斑块。唐代《羯鼓录》载："不是青州石末，即是鲁山花瓷。"花釉瓷为唐代河南鲁山段店窑首创，以黑釉为底色，在其上加工洒彩，经高温窑变烧制而成月白、天蓝、灰紫等色的块、点、线状彩斑。彩斑为任意点洒，给人以天然造化、变幻莫测的美感。花釉瓷开创了钧瓷窑变的先河，亦被称为"唐钧"。该花釉瓷带流澄滤器器表窑变斑块自然流畅，为河南鲁山段店窑中典型的代表性器物。

彩绘塔式陶盖罐

◆◆ 唐代（618年—907年）

◆◆ 通高56厘米，口径12厘米，底径19.7厘米

◆◆ 2012年9月征集

◈ 泥质灰陶胎，轮制成型。体为圆形，由盖、罐、座组合而成。盖为圆形，塔形纽，绘红、白色彩；罐直口，圆腹，下收小平底，器表先涂化妆土，再在其上以红、黑彩绘出纹饰，其中颈部绘一周莲瓣纹，中部为对称开光四瓣牡丹纹；座为高柄喇叭状，绘有莲瓣纹。塔式罐又称塔形罐，是唐代墓葬中新出现的随葬品，其使用不论士庶，遍布社会各个阶层，器表多彩绘宝相花、莲花等纹饰，部分器表还堆塑有兽首、莲瓣等装饰。塔式罐的出现与装饰风格等都与佛教在唐代的盛行密不可分，晚唐以后，随着社会生产力的衰退、灭佛运动的兴起及丧葬观念的转变，塔式罐逐渐式微。塔式罐是唐墓中分期断代的标准器之一，其造型和华美的装饰也为研究唐代佛教的本土化及社会风俗提供了参考依据。

绿釉塔式陶盖罐（2件）

- 唐代（618年—907年）
- 左：通高38厘米，口径7厘米，足径12厘米
  右：通高36厘米，口径7.5厘米，足径11.5厘米
- 2013年9月征集

◈ 泥质白陶胎，分体轮制成型。二者相同，体为圆形，由盖、罐、座组合而成。盖圆形，子口，中央有五层圆塔作为把手使用；罐圆形，母口，直颈，橄榄腹，底座落于座内；座圆形，两端呈喇叭状，中间束腰，体似腰鼓状。通体施绿釉。该塔式罐整体造型简洁大方，线条流畅，通体除绿釉外无更多装饰，展现出唐代釉陶器的简练之美。

三彩带盖罐

◆◆ 唐代（618年—907年）

◆◆ 通高24厘米，口径12厘米，底径11.5厘米

◆◆ 2013年4月征集

◈ 泥质白陶胎，轮制成型。体为圆形，由盖、罐组合而成。盖子口，圆钮，圆盖，盖上用黄、绿、白三彩绘多个梅花图案。罐母口，短颈，溜肩，圆腹，下收平底。口沿至短颈施黄釉，肩至腹下端用黄、绿、白三彩，分为西瓜皮形的十个竖条形区域，区域内绘数量不等的竖形梅花图案，下为素胎无釉。盖罐是唐墓中经常出现的一种随葬器皿，其形态也大同小异，整体呈现出唐器厚重、圆润的艺术风格。

三彩带盖罐

◆◆ 唐代（618年—907年）

◆◆ 通高25厘米，口径12.4厘米，底径10厘米

◆◆ 2015年12月征集

◈ 泥质白陶胎，轮制成型。体为圆形。罐侈口，折沿，溜肩，圆腹，平底。盖呈覆盘形，顶部有一圆形纽。罐口沿至下腹部及盖施黄、白、绿三彩。

花釉瓷罐

◆◆ 唐代（618年—907年）

◆◆ 高24厘米，口径11.3厘米，底径10.4厘米

◆◆ 2018年9月征集

◈ 灰白瓷胎，轮制成型。体为圆形，撇口，圆唇，束颈，溜肩，鼓腹，平底。通体施黑釉，腹部大面积装饰月白色窑变斑块，斑块不规则，呈弥漫状，艺术装饰效果突出。该花釉瓷罐为河南鲁山段店窑中典型的代表性器物。

三彩双龙尊

◆◆ 唐代（618年—907年）

◆◆ 高39.3厘米，口径7厘米，底径9.2厘米

◆◆ 2015年12月征集

◈ 泥质白陶胎，手、轮制成型。体为圆形，盘口，长颈，溜肩，口部至肩部两侧各有一龙形柄，龙嘴探入瓶口，作饮水状，圆腹，平底。口至上腹部施黄、绿、白三彩。双龙尊是唐代具有代表性的器物之一，在初唐时期出现，盛唐时流行于北方地区，多为青、白瓷或三彩器，通常釉施至中腹部，下部露胎。双龙尊一般出土于唐代贵族的墓葬之中，装饰华丽，富有艺术美感，反映出当时崇尚厚葬的时代特征。

黑釉瓷双龙尊

◆◆ 唐代（618年—907年）

◆◆ 高50厘米，口径13.5厘米，足径12厘米

◆◆ 2000年12月征集

◈ 灰白瓷胎，手、轮制成型。体为圆形，盘口，颈部长而细，肩部微丰，圆鼓腹，下腹斜收，圈足略外撇，腹部最大径在腹部中部略上。瓶口部与颈部交接处、颈部中间、颈部与腹部交接处、腹部与圈足交接处都有较粗的凸弦纹装饰，如同金银器造型一般，凸弦纹箍在瓶体不同部位，加固了器身，也便于人们手握。瓶口与瓶身攀附两条龙（或称螭），龙爪紧紧抓住盘口、瓶身，龙身挺拔、矫健，龙尾摇摆在瓶腹。龙瞪大眼睛，张大嘴巴，死死咬住瓶口，极富力量感。通体施黑釉，因施釉不匀，腹部有的地方露褐色胎，圈足外底部无釉。该尊制作不算精良，但有粗粝狰狞之貌。

三彩带柄凤首瓶

◆◆ 唐代（618年—907年）

◆◆ 高22厘米，口径6厘米，底径6厘米

◆◆ 2017年5月征集

◈ 泥质白陶胎，轮制成型。体呈橄榄形，敞口，粗颈，橄榄形腹，实足。口沿至肩部有一单体凤首，凤身作为把柄，肩部贴塑一对镂空纽、四朵梅花和一个小凤首。通体施黄、白、绿三彩，足部未施釉。凤首瓶的造型是吸收西域流行的金银胡瓶并加以改造而来的，是唐代新出现的一种结合西域及中国传统文化的器型，多为瓷器或三彩器。

三彩带柄凤首瓶

◆◆ 唐代（618年—907年）

◆◆ 高35.5厘米，口径2厘米，底径10厘米

◆◆ 2017年12月征集

◈ 泥质白陶胎，轮制成型。体呈橄榄形，敛口，细颈，橄榄形腹，喇叭形高圈足。口沿一侧有一凤首，另一侧到肩部以凤身作为把柄。腹部模印有繁冗的凤鸟、花卉、莲瓣等纹饰。体施黄、白、绿三彩，足部未施釉。这件三彩带柄凤首瓶体形较大，保存完好，纹饰复杂而精细，釉面光洁，釉色淡雅，富有异国情调，极尽奢华，与日本白鹤美术馆藏的一件极为相似，是唐代三彩器之精品，体现了唐代包容万象、文化多元的盛世气象。

三彩长颈瓶

◆◆ 唐代（618年—907年）

◆◆ 高24.4厘米，口径6.5厘米，底径6.9厘米

◆◆ 2018年12月征集

◈ 泥质白陶胎，轮制成型。体为圆形，敞口，口沿外撇，细长颈，颈中部微束，橄榄形腹，圆饼形足。通体施黄、绿、白、褐色彩釉。

三彩贴花长颈瓶

◆◆ 唐代（618年—907年）

◆◆ 高25厘米，口径6.8厘米，底径8厘米

◆◆ 2016年11月征集

◈ 泥质白陶胎，轮制成型。体为圆形，敞口，圆唇，长束颈，颈中部有一竹节，圆腹，喇叭形圈足，腹部上下两端各贴塑两组对称的桃形忍冬莲瓣纹，腹中部贴塑两组对称的宝相花。通体施黄、绿、白三彩。

三彩贴花瓶

◆◆ 唐代（618年—907年）

◆◆ 高25厘米，口径9.5厘米，底径9.5厘米

◆◆ 2016年12月征集

◈ 泥质白陶胎，轮制成型。体为圆形，敞口，粗颈，橄榄形腹，喇叭形高圈足。腹部分为三个区域，贴塑多组花卉纹饰。通体施黄、绿、白三彩。

三彩橄榄形瓶

- 唐代（618年—907年）
- 高24.5厘米，口径7.2厘米，底径8.5厘米
- 2018年12月征集

◈ 泥质白陶胎，轮制成型。体为圆形，盘口，短颈，橄榄形腹，圆饼形实足，底部有三叉形支烧痕。通体施绿、黄、白三彩，釉层均匀，翠绿可爱。

三彩双系扁壶

◆◆ 唐代（618年—907年）

◆◆ 高15.5厘米，口径4.5厘米，腹径10.6厘米，底径7厘米

◆◆ 2016年12月征集

◈ 泥质粉红陶胎，模制成型。体为扁形，直口，长颈微束，杏核形壶腹，两肩部各有一穿，橄榄形实足，平底。两侧腹部中央均模印有宝相花图案，两侧模印忍冬图案。壶口至腹部施白、绿、黄三彩，足部未施釉。这种皮囊状的扁壶在北朝至唐代较为常见，一般认为其造型源于萨珊波斯的金属扁壶，是外来文化传播的结果。至唐代时，扁壶纹饰的内容逐渐由西域风情浓郁的图案转变为充满中土元素的图案。这件三彩双系扁壶与1984年苏州市郊娄葑乡唐墓中所出之扁壶无论是造型、纹饰还是尺寸都毫无二致，为其断代提供了准确的参考依据。

三彩及黄釉茶具（10件）

◆◆ 唐代（618年—907年）

◆◆ 茶案长26厘米，高11.8厘米

执壶高10.5厘米，口径4.7厘米，底径4.4厘米

茶盏高2.5厘米，口径6.5厘米

茶炉高9.4厘米，口径7厘米，底径5.1厘米

茶碾高3.2厘米，长13.5厘米，宽3厘米

碾轮直径3.5厘米，厚1.4厘米

勺长13.7厘米

◆◆ 2016年11月征集

◈ 泥质粉红陶胎，手、模、轮制成型。由茶案1件、茶盏4件、执壶1件、茶炉1件、勺1件、茶碾1件、碾轮1件共10件组合而成。

茶炉为白胎，轮制而成。体呈筒形，中部有倒桃形灶门，两侧各有二竖长形排烟孔，饼形实足，炉上置一鍑。炉壁饰凹弦纹、三朵云纹及一周竖刻画纹。通体施黄釉。

勺白胎，手制成型，长直柄，椭圆形勺身。

茶碾及碾轮均为白胎，手制成型。碾呈长方形，中有凹槽，底部两侧有如意形镂空。碾轮为扁圆形，中间有孔。茶碾及碾轮均通体施黄釉。

执壶为粉红胎，轮制成型。敞口，粗颈，溜肩下收，饼形实足，肩部一侧有一短流，另一侧有鋬。茶盏为白胎，手制成型。敞口，斜腹，饼形小底。茶案为白胎，分体模制成型，上半部为茶案，中部稍下凹，四边为斜坡，下为座，四面镂空，底向外出沿。执壶、茶盏及茶案均施黄、白、绿三彩。

唐代饮茶之风盛行，饮茶用具亦非常考究，甚至制作有造型逼真的茶具明器用于陪葬。这套三彩及黄釉茶具中既有碾茶的茶碾，也有煮茶和饮茶的茶炉、茶盏等，与唐陆羽《茶经》中记载的“碾茶”“煮茶”的饮茶程序相符，再现了唐代的饮茶风俗。

三彩三足盘

◆◆ 唐代（618年—907年）

◆◆ 高5.5厘米，直径29厘米，足距16.5厘米

◆◆ 2018年12月征集

◇ 泥质浅粉红陶胎，手、轮制成型。体为圆形，大敞口，腹极浅，盘底有三兽蹄形足。盘内壁中央模印大雁、三朵云纹及一周浪花、荷叶纹，外沿为鱼子地纹。盘内壁满施绿、褐、白、蓝四彩。作为一种瑞鸟，雁的形象常被用作装饰性的纹样见于唐代铜镜、织锦及陶瓷器之上。该三彩三足盘制作精良，以大雁为主体纹饰，被赋予了吉祥的寓意，是一件集实用性和艺术性于一体的唐三彩代表性作品。该盘与河南洛阳关林2号唐墓、洛阳北窑段子沟1号墓出土的三足盘造型、纹饰基本一致，应为洛阳地区烧制的三彩产品。

黄釉绞胎瓷三足盘

◆◆ 唐代（618年—907年）

◆◆ 高3.5厘米，口径16厘米，足距12厘米

◆◆ 2011年3月征集

◈ 粉白瓷胎，手、轮制成型。体为圆形，敞口，宽沿，浅腹，下有三足。盘为釉下两色胎泥绞合后拉坯成型，纹理自然。通体施黄釉，底部露胎，胎色粉白。绞胎器是以两种不同颜色的胎泥相绞合后制作器坯，再施釉烧制而成，胎体呈现出自然变化而富有美感的纹理。唐代时绞胎器已经出现，多为低温烧制，器表施黄釉者居多，亦有绿釉及三彩者。

绞胎瓷枕

- 唐代（618年—907年）
- 高14.6厘米，长14.7厘米，宽10.8厘米
- 2004年10月征集

◈ 灰白瓷胎，分体模制成型。体呈长方形，前低后高，枕面倾斜、微凹。枕墙直，下部微微内收，枕面大于底部，平底。前侧枕墙中部靠上位置有一圆形透气孔。枕面及枕墙上分布着用黄、赭两色胎泥绞成的不规则的纹理，枕面中间有菱形图案。通体施绿釉，底部露胎。

三彩天王俑

◆◆ 唐代（618年—907年）

◆◆ 高88.5厘米，底座长19厘米、宽15厘米

◆◆ 2018年12月征集

◈ 泥质白陶胎，手、模制成型。天王头戴金翅鸟冠，双目圆睁，浓眉上挑，张嘴露齿；身穿铠甲，铠甲长至膝部，臂戴龙首护膊，右臂上举，右手握拳，左手叉腰；脚蹬长靴，脚下踏一卧羊，右脚踏羊头，左脚站立于羊背之上，面貌威猛刚烈，气势非凡。卧羊下为近椭圆形高台座。天王面部和鸟冠绘有黑、红二彩，身体至底座施绿、白、褐三彩。天王原是佛经中的护法神，通常用于祛除邪祟、守护墓主亡灵。这件三彩天王俑体量较大，制作精良，保存较为完好，头上所戴的金翅鸟冠是佛教中迦楼罗的形象，而所穿服饰则是唐代现实中铠甲的造型，可以说是被世俗化的佛教护法神与被神化的武士相结合的产物。

彩绘陶武官俑

◆◆ 唐代（618年—907年）

◆◆ 高96厘米，底座长35厘米、宽25厘米

◆◆ 1999年7月征集

◈ 泥质白陶胎，手、模制成型。该俑为武官形象，头戴鹖冠，面带微笑，内穿交领宽袖长袍，外着裲裆，腰系宽带，双手持笏板拱于胸前，足蹬云头履，站立于不规则底座上。通身施化妆土，面部饰有红、黑色彩绘，胸部绘云气纹。《后汉书·舆服志》载："鹖者，勇雉也，其斗对一死乃止，故赵武灵王以表武士。"又云："武冠，俗谓之大冠，环缨无蕤，以青系为绲，加双鹖尾，竖左右，为鹖冠云。"可知早在汉代以前，鹖鸟就是勇猛的象征，汉代的武冠流行以鹖尾装饰，唐代的武冠则流行饰以鹖鸟全形。

彩绘陶武官俑

◆◆ 唐代（618年—907年）

◆◆ 高61.2厘米，底座长15厘米、宽13厘米

◆◆ 1999年2月征集

◈ 泥质白陶胎，手、模制成型。俑头戴鹖冠，国字脸，浓眉大眼，高鼻，面貌坚毅，体形魁梧，似为胡人；上身着宽袖长袍，下身着长裙，足蹬云头履，双手拱于胸前，站立于半圆形矮座上。通体饰红、黑色彩。从考古发现来看，唐代墓葬中一般文官俑和武官俑为成对出现，放置武官俑取其保卫职能，以保护墓主魂灵不受魑魅魍魉的侵害。武官俑形象的塑造一般较具写实性，对研究唐代的镇墓文化、官吏等级制度、服饰文化等具有较高的参考价值。

彩绘陶镇墓兽

◆◆ 唐代（618年—907年）

◆◆ 高95.8厘米，底座长37厘米、宽30厘米

◆◆ 1999年7月征集

◈ 白陶胎，手、模制成型。面部为胡人形象，面目恣意夸张，浓眉蹙起，大眼外凸，宽鼻，张口露齿，一双兽耳肥大竖起，头顶有螺旋状独角，背部塑冲天戟和长短不齐的刀齿，肩附火焰状双翼，向外张开，偶蹄形前肢直立，后腿蹲坐于不规则底座之上，长尾由后至前紧贴于底座之上，周身装饰复杂，整体形象威武、凶猛。通身饰有红、黑色彩绘，尤以面部髭须及胸腹部描绘最为细致。镇墓兽是唐代镇墓俑群的重要组成部分，既具有分期断代的指示意义，也反映了唐代的镇墓文化。这件彩绘陶镇墓兽体量较大，保存完好，制作精细，是盛唐时期镇墓兽的典型代表。

彩绘陶镇墓兽

◆◆ 唐代（618年—907年）

◆◆ 高45厘米，底座长14厘米、宽13.5厘米

◆◆ 2012年11月征集

◈ 白陶胎，手、模制成型。镇墓兽面目呈狮形，昂首，头顶有鹿状双角，两耳竖起，宽如意鼻，张口露齿，胸部挺起，双翼张开，短尾贴在壁部，鸟形爪，前肢柱立，后肢弯曲蹲坐于平板之上。面、身部饰黑彩，翼、口部饰红彩。唐代墓葬中的镇墓兽多为人面者与兽面者成对出现，一般外形威猛狰狞，以达到镇墓驱邪、保护墓主亡灵之目的。这件彩绘陶镇墓兽面部的塑造少了一分狰狞，多了一些憨厚，呈现出唐代匠人多样化的审美意趣。

彩绘陶兽面形面具（5件）

◆◆ 唐代（618年—907年）

◆◆ 高20—33厘米，宽20—41.2厘米

◆◆ 2013年11月、2015年4月征集

◈ 2013年和2015年，河南博物院共征集彩绘陶兽面形面具11件，均为白陶胎，手、模制成型。现择其中5件进行介绍。

第一件：略呈圆形，正面为高浮雕兽面，背面平。兽面倒八字形眉高高隆起，大眼，如意形鼻，鼻孔外翻，叶状耳，张口露出獠牙，嘴两侧及下颌有卷曲的胡须。鼻梁两侧及下颌两侧各有一圆形穿孔，另有数处小圆孔未穿透。兽面上有红、黑两色彩绘，彩绘多已脱落。

第二件：略呈圆形，正面为高浮雕兽面，背面平。兽面倒八字形眉高高隆起，大眼，眼两侧有上窄下宽的桶形装饰，如意形鼻，鼻孔外翻，张口露出獠牙，嘴两侧及下颌有卷曲的胡须。鼻梁两侧及下颌两侧各有一圆形穿孔，兽面上有红、黑两色彩绘。

第三件：呈圆形，正面为高浮雕兽面，背面内凹。面具一周有连珠纹装饰，眉上有倒八字形双角，双眼圆凸，眉心有一圆形红点。眼两侧有尖兽耳，蒜头鼻，张口露出獠牙。两兽耳下各有一圆形穿孔，面具下部亦有一圆形穿孔。兽面上有红、黑两色彩绘。

第四件：略呈圆形，正面为高浮雕兽面，背面内凹。眉上有倒八字形尖角，浓眉大眼，眉两侧有尖兽耳，蒜头鼻，张口露出獠牙。兽面左右及下部各有一圆形穿孔，右侧穿孔中尚有铁钉残痕。兽面上有红、黑两色彩绘。

第五件：略呈方形，正面为高浮雕兽面，背面内凹。眉上为双尖角，角尖下垂，两角中间有三角形发髻。浓眉大眼，两侧有尖兽耳，如意形鼻，张口露出獠牙，下颌有倒三角形胡须，两侧有兽爪。眼部两侧各有一圆形穿孔，右侧穿孔中有铁钉残痕。兽角、眉、发、胡须施以黑彩，耳、鼻、爪施以红彩。

以面具驱邪的习俗早在先秦时期就已存在，《周礼》记载："方相氏掌蒙熊皮，黄金四目，玄衣朱裳，执戈扬盾，帅百隶而司傩，以索室驱疫。"在湖南地区的汉墓中还出土一种滑石兽面，其上亦有穿孔，孔中残存有铁钉。这批兽面形面具面目狰狞可怖，应与汉代的滑石兽面用途相同，为墓中随葬的驱魅辟邪之物。其上下左右多有穿孔，部分孔中还残存有铁钉痕迹，似为钉于墓壁或棺木之上所用。

彩绘双人首蛇身陶俑

◆◆ 唐代（618年—907年）

◆◆ 高18.5厘米，底座长20.5厘米、宽12.5厘米

◆◆ 2017年12月征集

◈ 泥质红陶胎，手、模制成型。陶俑造型为两人首蛇身形怪兽交缠伏于不规则形底座上。两人首相背，均为尖发髻，粗眉，大眼，如意鼻，厚唇，蹄形前肢趴于地，蛇身相互交缠。器表涂白彩，人面发髻部分施黑彩，身体涂红彩。这件陶俑形态奇异，极富迷信色彩，一般认为可能是《大汉原陵秘葬经》中所记载的“墓龙”，是镇墓神煞之一。从发掘情况来看，这类陶俑最早出现于北齐时期，唐代盛行于辽宁朝阳、山西、河北地区，宋代以后逐渐消失。该彩绘双人首蛇身陶俑与河北南和县东贾郭唐墓、河北安国市梨园唐墓出土的墓龙俑造型相似，为了解唐代神煞制度与葬俗制度提供了宝贵的材料。

三彩男俑

- 唐代（618年—907年）
- 高62.3厘米，底座长19.5厘米、宽14.7厘米
- 2014年12月征集

◈ 泥质白陶胎，模制成型。俑为一汉人男性形象，头戴圆头分瓣幞头，身着圆领宽袖长袍，长袍长至脚面。腰中束窄带，右胯部系一鞶囊，右腰系一垂至地面的长绦，脚穿尖头靴子。该俑面部圆润，呈国字形，剑眉连心，长目，蒜头鼻，膀阔腰圆，体态较胖；身体略向左前方倾斜，两脚张开呈八字形站立于平板之上；左手屈肘端于身前，手中持一物（物残缺）；右臂下垂，右手外撇，大拇指和食指捏一圆形物，其余手指残缺。俑幞头上以红、黑两色彩绘卷草纹，发、眼施黑彩，粉面朱唇，头、面部的彩绘多有脱落。头面及手部无釉，衣物施绿釉，腰间所系长绦饰如意云纹，施黄、绿釉及白釉，靴子施黄釉，部分地方有流釉现象。此俑姿势与河南洛阳唐定远将军安菩夫妇墓出土的调鸟男俑类似，也应为调鸟形象的男俑，其左手所持之物应为小鸟，右手所捏圆形物应为鸟食。人物形象丰满圆润，神态动作闲适而放松，俨然一副富家子弟的模样，反映出唐人饲养鸟类宠物的风气。

彩绘高帽拉马陶俑

◆◆ 唐代（618年—907年）

◆◆ 高51厘米，底座长17厘米、宽12厘米

◆◆ 1999年7月征集

◈ 泥质白陶胎，手、模制成型。俑为胡人形象，头戴高帽，身穿翻领至膝长袍。深目高鼻，八字胡，红嘴唇，右手握拳抬起，左手握拳前伸，呈拉马姿态，腰束带，足蹬黑色彩绘高靴，两腿微弯曲，站立于长方形平板之上。通体施化妆土，面部、双腿分别饰红、黑两色彩。唐代是丝绸之路沿途贸易活动的鼎盛时期，无数异域之人通过丝绸之路来到大唐，他们被统称为“胡人”。根据胡人形象制成的胡人俑在唐墓中大量出现，为研究胡汉民族文化交流提供了宝贵的资料。

彩绘陶侍俑及骑马俑群（46件）

◆◆ 唐代（618年—907年）

◆◆ 陶侍俑高24.8—28厘米

陶骑马俑高34—39.5厘米，长31.5—34厘米

◆◆ 2015年8月征集

◈ 泥质白陶胎，均为手、模制成型，陶质较为疏松。该俑群由男侍俑36件、女侍俑1件、骑马男乐俑7件、骑马女俑2件共46件组合而成。部分陶俑之上有红、黑彩绘，彩绘脱落严重。

男侍俑头戴幞头或胡帽，身穿圆领长袍，脚蹬靴，双手拱于胸前，多数面目较为模糊，面目清楚者表情愁苦。女侍俑头顶梳髻，身着裙，肩披帛，右臂自然下垂，左手置于胸前，面部模糊。骑马男乐俑均头戴风帽，身穿长袍，跨坐于骏马背上，其中两人吹口哨，两人吹排箫，两人吹竖笛，一人吹横笛。吹口哨者右臂上抬，左手置于口上作吹口哨状，视线望向右上方。骑马女俑均头顶梳髻，一人身着圆领长袍，一人身着襦裙，跨坐于马背之上。该俑群陶质相同，可能为同一座墓葬中随葬。这种侍俑、骑马俑的组合随葬品在唐代墓葬中较为常见，其中的骑马乐俑最初在秦末汉初流行于北方汉族与少数民族杂居的地区，因骑于马上演奏又被称为“马上乐”。这几件骑马乐俑与河南偃师唐柳凯墓中出土的骑马乐俑造型极为相似，其年代也应接近。

三彩“偘记”铭文拉马胡俑

◆◆ 唐代（618年—907年）

◆◆ 高33.5厘米，底座长7.8厘米、宽6厘米

◆◆ 2014年10月征集

◈ 泥质白陶胎，模制成型。俑为男性胡人形象，身材健硕，脸型大而方正，浓眉，鼻梁高挺，略呈鹰钩状。双臂弯曲举至胸部，两手握拳呈牵马（驼）状。两腿分开与肩同宽，双脚略外撇。胡俑头戴幞头，身着大翻领窄袖袍，袍长及膝，腰中系细带，前襟两下摆掖入腰中，下身穿窄裤，足蹬尖头靴，左后腰部系一鞶囊。幞头、头发及眉眼绘以黑彩，胡服翻领部位及手部施白釉，衣服施黄釉，面部、腿部及底座未施釉。背部刻有“偘记　洛阳温县王崇偘家生胡奴”13个字。书名陶俑在唐代墓葬中偶有发现，但均以墨书或朱书为主，在陶俑上刻名的极为罕见，该俑为研究唐代的葬俗提供了新的材料。

彩绘陶骑马女俑（2件）

◆◆ 唐代（618年—907年）

◆◆ 左：通高34.5厘米，马身长31厘米，底板长13.5厘米、宽8厘米

右：通高34厘米，马身长30厘米，底板长12厘米、宽9厘米

◆◆ 2012年11月征集

◈ 泥质白陶胎，手、模制成型。二者造型基本相同。马低首，张口露齿，双耳竖起，马鬃向一边甩，短尾，四肢柱立于长方形平板之上。俑骑于马上，头戴黑色面幕及笠帽，面容清瘦，粉颊朱唇，胸脯半袒，削肩，肩披长巾至背部，上身穿红色长衣，下着宽裤，双足外露。左手持缰绳，右手自然下垂，是初唐女性策马缓行的真实写照。唐代社会繁荣，风气开放，女性的社会地位达到空前的高度。墓葬中骑马女俑大量出现，姿态、装扮各异，充分展现了唐代女性自由奔放的风采，也折射出唐代女性的社会生活面貌。

彩绘陶围棋女俑（4件）

◆◆ 唐代（618年—907年）

◆◆ 两俑高分别为18厘米、12厘米

几长14.5厘米、宽6厘米，棋盘长10.5厘米、高3.7厘米

◆◆ 2017年5月征集

◈ 泥质白陶胎，手、模制成型，由女俑二、棋盘一、几一组合而成。两女俑均为坐姿，头顶梳髻，长圆脸，长眉入鬓，细长眼，小口；身着长裙，脚穿靴。右腿直立，右臂置于右膝之上，左腿伏地，左臂自然下垂至左足部。几为长方形，两端起台，下有梯形足，足部有刻画竖线，并涂黑彩，模仿镂空效果。围棋盘为方形，表面刻画方格，四角有四矮足。女俑发髻、眉眼施黑彩，衣裙施红彩。几足施黑彩。围棋运动起源于春秋时期，唐代达到了鼎盛，上至皇帝，下至平民百姓，都是围棋运动的积极参与者。这套彩绘陶围棋女俑展现了唐代妇女对弈的场面，是研究唐代围棋运动和妇女社会生活不可多得的资料。

彩绘陶载物骆驼

◆◆ 唐代（618年—907年）

◆◆ 高38厘米，底板长14.8厘米、宽9.6厘米

◆◆ 1998年12月征集

◈ 泥质白陶胎，手、模制成型。骆驼高大健壮，为双峰驼形象，昂首张口呈嘶鸣状，长颈，短尾，四肢站立于长方形平板上。骆驼双峰间背负有鞯，其上为兽头形驮囊，左右有丝卷、壶、鸟、猪等物。通体绘红色彩。唐代时随着丝绸之路贸易走向鼎盛，骆驼逐渐成为工匠们常见的表现题材，骆驼俑也成为墓葬中常见的随葬品之一，有的还和拉骆驼胡人俑成套出现。驼背上往往塑有与丝路贸易相关的丝束、充满西域风情的长颈壶，以及肉类等商队补给，突出体现了骆驼驮载货物的形象，为当时丝路贸易的发达及中西方文化交流的频繁提供了明证。

彩绘陶翘腿马

◆◆ 唐代（618年—907年）

◆◆ 高37厘米，长47厘米，底座长23厘米、宽14.5厘米

◆◆ 2012年11月征集

◇ 白陶胎，手、模制成型。马曲颈，低头，张嘴，缚尾，右前蹄翘起，站立于长方形底板之上。马身有络头、鞍鞯、障泥等马具，绘有黑、红两彩。马在唐代的政治、军事、生活中有着重要的地位，也是唐代最常见的艺术形象之一。这件彩绘陶马比例准确，线条流畅，膘肥体壮，筋骨合度，惟妙惟肖。

白釉刻花瓷碗

◆◆ 宋代（960年—1279年）

◆◆ 高7.2厘米，口径21.8厘米，足径6.4厘米

◆◆ 2000年12月征集

◈ 白瓷胎，轮制成型。体为圆形，圆唇，敞口，斜弧腹，圈足。底足及外壁近足处无白色化妆土，无釉露胎，近足处有拉坯及旋切痕迹，足端有垫烧痕迹，碗内底有五枚细长三角形支钉痕迹。该碗属于化妆土白瓷，在半干的坯体上，碗内及外腹部皆涂白色化妆土，然后再用“半刀泥”的刻画技法斜削去一部分胎泥，削掉的部分构成主题花纹，在主题花纹的大背景上，补充以篦状工具随意刮出的细密而又平行的篦纹。刮去的花纹部分露出胎体，再罩透明釉入窑高温烧制而成，施化妆土的部分呈白色，没有化妆土的部分露胎色。碗内刻画刀法流畅自如，率性潇洒，工艺精湛。

白地黑花人物故事纹瓷枕

◆◆ 宋代（960年—1279年）

◆◆ 高14.5厘米，长33厘米，宽18.5厘米

◆◆ 2018年9月征集

◈ 灰白瓷胎，分体模制成型。枕体呈长方形，平底，通体施白釉。枕面以黑彩绘人物故事纹，开光之外有花卉纹，枕面边缘有几何纹装饰带，前侧枕墙绘牡丹纹，后侧枕墙绘狮子绣球纹，左右两侧枕墙绘大朵牡丹纹。枕底无釉露胎，中部戳印有楷书“张家造”标识。此枕纹饰笔触自然流畅，简括写意，纹饰真实生动，具有中国文人画的意境和传统水墨画的效果，是宋代磁州窑的代表作品。

白釉划花牡丹纹瓷枕

◆◆ 宋代（960年—1279年）

◆◆ 高11.9厘米，长26.6厘米，宽17.8厘米

◆◆ 2007年8月征集

◈ 灰白瓷胎，分体模制成型。枕体呈长方形，前窄后宽，前低后高，枕面微出檐，后墙中上部有一圆形透气孔。枕面四条平行的凹弦纹组成梯形开光，内刻大朵牡丹纹为主题纹饰，辅以成组的篦划纹，有主有次，相映成趣。四侧刻简单的花叶纹，随意潦草。除底部外，均施白色化妆土，罩透明釉。

白釉剔地莲花纹瓷枕

◆◆ 宋代（960年—1279年）

◆◆ 高10.8厘米，长25.2厘米，宽20.8厘米

◆◆ 2007年8月征集

◈ 灰白瓷胎，分体模制成型。枕体呈椭圆形，枕面出檐，前低后高，中间下凹，枕后墙中部微上有一圆形透气孔。枕面有椭圆形开光，开光内剔刻“一把莲”，其余留白露胎。通体施白色化妆土，罩透明釉，底部露胎，胎色白，胎有杂质。“一把莲”纹饰，或称“一束莲”，是将盛开的莲花、含苞欲放的花蕾、翻卷的荷叶和漂浮的茨菰、蓼草等水生植物放在一起，用锦带将茎捆绑形成一束的样子，这种纹饰自兴起以来，千百年来始终为人们所喜爱。

珍珠地划花牡丹纹瓷枕

◆◆ 宋代（960年—1279年）

◆◆ 高12.5厘米，长28厘米，宽18厘米

◆◆ 2004年10月征集

◈ 土白瓷胎，分体模制成型。枕体较小，呈半圆形，前高后低，枕墙后上部有一圆形透气孔。枕面有单线条依枕面形状勾出一周开光，开光内装饰一折枝牡丹纹，枝叶侧出，以密集珍珠地作衬，排列整齐。枕墙划简单花叶。通体施白色化妆土，枕面纹饰呈赭色，枕墙纹饰呈灰褐色，罩透明釉，底部露胎，胎色泛土白色，胎有杂质。

三彩狮形座枕

◆◆ 宋代（960年—1279年）

◆◆ 高11.1厘米，长25.2厘米，宽18.9厘米

◆◆ 2007年8月征集

◈ 泥质黄褐胎，分体模制成型。枕体象生形，模仿狮子之卧姿。卧狮上承如意形枕面，枕面有两道如意形开光装饰带，内画一折枝牡丹纹，牡丹盛开，叶子大而舒展。枕绘有黄、绿、白三色彩，卧狮主体为黄褐色，花朵为黄色，叶片为绿色，有生意盎然之姿。

三彩开光牡丹纹枕

◆◆ 宋代（960年—1279年）

◆◆ 高10.2厘米，长29厘米，宽19.5厘米

◆◆ 2007年8月征集

◈ 泥质粉褐胎，分体模制成型。枕体呈半圆形，后侧枕墙的中上部有一圆形透气孔。枕面有四条凹弦纹组成的豆形开光装饰带，内有菱花形开光。菱花形开光内刻画一折枝牡丹纹。开光外的四处空白处有四组花叶作装饰。通体为三彩装饰，大面积为绿釉，菱花形开光施黄釉，花蕊及豆形开光施白釉，枕体近底部及底部露胎，胎色粉褐。该枕釉色丰富，以绿、黄、白三色相互映衬，相对于雍容华贵、斑斓绚丽的唐三彩，有着宋三彩独特的素雅之美。

黄地剔花篦划水波纹瓷枕

◆◆ 金代（1115年—1234年）

◆◆ 高14厘米，长27厘米，宽20厘米

◆◆ 2000年12月征集

◈ 灰白瓷胎，分体模制成型。枕体呈椭圆形，前低后高，枕面倾斜、微凹，直枕墙，平底。枕面有椭圆形开光，开光内较粗的网状波浪起起伏伏，每个网状波浪里装饰有细密平行的篦划纹。枕墙一周有粗大的卷草纹。在炎炎夏日里，瓷枕作为寝具，希望可以给人们带来凉爽。宋金时期，各地民窑生产有大量的水波纹瓷枕，水波纹有生凉的意味，更强化了瓷枕消暑醒脑的功效。

三彩牡丹纹枕

◆◆ 金代（1115年—1234年）

◆◆ 高15厘米，长35厘米，宽17厘米

◆◆ 2004年征集

◈ 泥质粉白陶胎，分体模制成型。枕体呈长方形，两端上翘，中部微凹，上宽下窄，前枕墙左下部有一圆形透气孔。枕面长方形开光内有一菱形开光，交错排列，将枕面分割成一个菱形主区和四个三角形辅区。菱形开光内装饰大朵牡丹纹，花朵盛放，花蕾舒展自如。三角形辅区内装饰有卷草纹。通体施黄、绿彩，枕中下部及底部露胎，胎色粉白，胎有杂质。

钧窑蓝灰釉瓷碗

◆◆ 金代（1115年—1234年）

◆◆ 高11厘米，口径25.5厘米，足径6.2厘米

◆◆ 2000年12月征集

◈ 灰白瓷胎，轮制成型。体为圆形，敛口，斜腹较深，圈足。通体施蓝釉，釉色灰暗，釉面有很多黑褐色釉斑，大小不一，分布不均，圈足足端露胎，施酱色护胎釉，使器物釉面整体得到美化。该蓝灰釉瓷碗属于钧瓷，钧瓷属于中国北方青瓷系统，是宋金元明时期十分重要的瓷器品种。生产钧瓷的中心窑场为河南禹州钧台窑和以神垕镇为中心的众多窑址，河南汝州、鹤壁、焦作、安阳、平顶山等地区及河北、山西等地，甚至南方的浙江地区（例如金华铁店）等个别窑场都深受其影响，烧制类似钧釉的器物。钧釉瓷器以乳浊状天蓝釉和铜红彩为特色，以遮盖性极强的釉面和斑斓多变的彩斑装饰深受百姓喜爱。

白釉印花瓷盘

◆◆ 金代（1115年—1234年）

◆◆ 高2.2厘米，口径21.5厘米，足径13.5厘米

◆◆ 2000年12月征集

◈ 白瓷胎，模制成型。盘为花口，有芒，折沿，浅弧腹，内壁起筋，筋呈26瓣菊瓣状，圈足矮且细小。盘折沿及内底均有模印图案装饰。折沿沿面装饰四组简单纤细的卷草文，若有若无。盘内底菱形开光，开光内为“一把莲”图案，开光外装饰有四组蜿蜒的折枝花，图案布局合理，主次分明。此盘属于化妆土白瓷，盘内及外腹壁上部施白色化妆土，下腹壁及盘底不施化妆土，罩透明釉。有化妆土的部位呈白釉，釉色泛黄，釉质光润；无化妆土的部位露胎色，胎色白中泛灰，胎质不纯净，有很多黑色、褐色及灰色杂质。

黑釉凸线纹瓷罐

◆◆ 金代（1115年—1234年）

◆◆ 高22厘米，口径17厘米，足径9厘米

◆◆ 2000年12月征集

◈ 灰白瓷胎，轮制成型。罐为圆唇，敞口，直颈，圆鼓腹，圈足。肩颈之间附对称片状双系。罐外施黑釉至下腹部，内饰黑釉至颈部。内外露胎部位施稀薄的棕黄、褐色护胎釉。圈足露胎，胎色灰白，质地坚硬。腹部、系部均装饰等距离的凸线纹。该罐制作规整，黑釉漆黑明亮，凸线锋利如刀。黑釉凸线纹的装饰手法在宋金元时期的北方如河南、河北、山东一带相当流行，鹤壁窑的凸线纹为其中翘楚，刀法犀利，独具特色。

黑釉彩斑瓷罐

◆◆ 金代（1115年—1234年）

◆◆ 高22厘米，口径12.7厘米，足径10厘米

◆◆ 2000年12月征集

◈ 白瓷胎，轮制成型。罐为直口，短颈，圆鼓腹，圈足，肩部附双系，系上装饰凸线纹。罐外施黑釉至底足，足端露胎，圈足内有酱色护胎釉。黑釉漆黑莹亮，腹部的黑釉上装饰有酱褐色彩斑，如同沉静黑色幕布上华丽闪亮的光斑，别具动人的艺术效果。这件器物作为鹤壁窑的产品，表明鹤壁窑在黑釉瓷的烧造及装饰手法方面已相当娴熟，是研究鹤壁窑瓷器的重要实物资料。

白釉瓷执壶

◆◆ 金代（1115年—1234年）

◆◆ 高26.5厘米，口径6.5厘米，足径7.5厘米

◆◆ 2000年12月征集

◈ 灰白瓷胎，手、轮制成型。壶口上承盖，盖卷沿，内凹，中部置柱状纽。壶身为喇叭口，细长颈，圆肩，深弧腹呈瓜棱状，矮圈足。肩上一侧置斜出的细长流，与流对称的一侧于颈肩之间置带状执柄，便于提携。柄最上部安一环形小系，便于穿带。柄部装饰凸线纹，颈部装饰两道凹线纹，颈肩的连接处亦有一道凸棱。通体施白釉至底足，底足露胎，胎色灰白，细而坚致。执壶是一种盛装液体的器具，器身一般采用瓶的造型，瓶的左右两侧以对称的方式安装柄和流，以便执拿和倾倒液体。

泰国青釉刻花纹瓷碗

◆◆ 14世纪

◆◆ 高9.3厘米，口径16厘米，足径6.4厘米

◆◆ 2006年12月征集

◈ 灰白瓷胎，轮制成型。体为圆形，撇口，深腹，圈足。碗内底饰简单的花瓣纹，底部与腹部交接处以两周凹弦纹为界，内腹壁有多重桃心形花瓣纹，层层展开，疏密有度，大小相叠，给人以绵延不断的几何感，至口沿处又以两周凹弦纹为界，层层叠叠的花瓣戛然而止。腹壁的花瓣上装饰有间隔相等的成排细密篦纹，看似简单，实则表现力丰满。通体施青釉，外足墙有部分釉，足底无釉，有垫烧痕迹，露胎处胎质粗糙。

瑞典人史坦于2003年在马来西亚海域发现“万历号”沉船，2005年4月至5月从中打捞出一批完整瓷器，此碗是其中一件。

“大明成化年制”青花狮穿花纹瓷碗（2件）

◆◆ 明代成化年间（1465年—1487年）

◆◆ 高9.4厘米，口径21.2厘米，足径10厘米

◆◆ 2006年12月征集

◇ 2件均为白瓷胎，轮制成型。体为圆形，敞口，深腹，圈足。通体以青花为饰，碗内口沿描绘有一周缠枝花卉纹，内底为青花折枝花卉纹。外腹壁绘缠枝花卉纹，以花卉蔓藤作骨架，向上下、左右延伸，形成波浪一般的连续循环往复，花朵相对较大，叶片相对较小，狮子穿行于其中，静中有动，极富生活情趣。圈足内有青花“大明成化年制”六字两竖行年款，年款外以青花双圈相围。

这2件瓷器是从“万历号”沉船中打捞出的一批完整瓷器中的一组。

青花花鸟纹瓷盘（4件）

◆◆ 明代（1368年—1644年）

◆◆ 高5厘米，口径31.5厘米，足径17.9厘米

◆◆ 2006年12月征集

◈ 4件均为白瓷胎，轮制成型。体为圆形，葵口，折沿，虽然经过长时间海水浸泡，有较重水蚀剥釉现象，并多已失青花瓷器釉面的光亮，但纹样仍十分清晰。盘内壁为青花八开光，内有对称花卉和杂宝纹，开光间有锦纹相隔。外壁也为八开光，内有圆圈纹饰，圆圈内有两个相互叠压的树叶状饰，开光间有长条饰间隔。盘内底部为一八角形开光，内为荷塘水禽图。图画中的数柄荷叶，从不同的角度向画面中伸出，数条水草从荷花荷叶丛中钻出，参差不齐，错落有致。整幅画面看似草草描绘，但有笔简意赅的境界，显示出盎然的生机。

这4件青花花鸟纹瓷盘是从“万历号”沉船中打捞出的一批完整瓷器中的一组。

白釉褐彩人物图瓷罐

◆◆ 明代（1368年—1644年）

◆◆ 高26厘米，口径19厘米，足径9厘米

◆◆ 1997年6月征集

◈ 土褐瓷胎，轮制成型。体为圆形，大直口，短直颈，丰肩，圆腹，腹中部以下急速内收，小底，底部为二层台圈足。口肩、肩腹、腹胫交接处均有弦纹装饰。弦纹把罐体分割为两个区域：肩部用黑彩描变形植物纹、云纹，腹部描人物纹，线条流畅，画风洒脱，极富跳动的韵律感。褐色的斑点不规则地分布在纹饰上，起到点缀的作用。胫部有两道波浪一般的较粗的黑褐色弦纹环绕，近足底有两道黑褐色弦纹环绕。整体施白色化妆土，罩透明釉，下腹部至足部露胎，胎色土褐，胎质略粗，且有杂质。

黄绿釉带彩十二生肖陶男俑群（12件）

◆◆ 明代（1368年—1644年）

◆◆ 高19.5—20.9厘米，底座长6.8厘米、宽6厘米

◆◆ 2008年6月征集

◈ 灰白陶胎，模制成型。俑为男性形象，头戴圆帽，圆脸庞，五官清晰，身穿对襟长马褂，内穿窄袖长袍，足蹬高靴，站立于正方形平板之上，双手抱造型各异的十二生肖动物。俑均饰红、黑、绿、黄彩釉。十二生肖的概念在先秦时期就已经出现于文献之中，考古发掘显示，十二生肖俑作为镇墓神煞的一种，最早出现于北朝墓葬中，此后在唐至宋明墓葬之中频繁出现。据《大汉原陵秘葬经》记载，上至天子，下至庶民，都可使用十二生肖俑陪葬，但其尺寸根据墓主身份有严格的限制。十二生肖俑的造型在不同时代也有所变化，既有坐姿者，也有站姿者；有的为人俑头顶生肖，有的为人俑怀抱生肖，还有兽首人身者。十二生肖俑作为古代丧葬习俗的组成部分，是研究古代社会习俗变迁的重要材料之一。

郎窑红釉瓷盘

◆◆ 清代康熙年间（1662年—1722年）

◆◆ 高2.6厘米，口径16.5厘米，足径9.6厘米

◆◆ 2000年12月征集

◈ 白瓷胎，轮制成型。体为圆形，敞口，浅腹，圈足，盘内外施郎窑红釉。郎窑红是我国名贵的传统铜红釉中色彩最鲜艳的一种，因其18世纪始产于清朝督陶官郎廷极督烧的郎窑，故称“郎窑红”。该郎窑红釉瓷盘釉色红艳鲜明，具有一种强烈的玻璃光泽。由于釉汁凝厚，在高温下出现流淌现象，所以于口沿处露出白胎，俗称“灯草边”。圈足足端处显火石红，足底为白色、黄色，俗称“米汤底”，开片细密。

青花山水人物罐

◆◆ 清代康熙年间（1662年—1722年）

◆◆ 通高60厘米，口径20厘米，底径26.5厘米

◆◆ 2000年3月征集

◈ 白瓷胎，轮制成型。体为圆形，直口，短颈，丰肩，鼓腹，腹下部渐收，圈足，足内无釉露胎，足底有火石红，附宝珠顶高圆盖。这种罐式俗称“将军罐”，初见于明末，清康熙年间最为流行。盖颇似将军的头盔，故而得名。通体以青花为饰，颈部一周饰折枝花卉纹，盖及罐腹部主题纹饰描绘山水人物图，远山近水，有树木、云气、亭台楼阁、人物飞鸟。纹饰的描画，多采用斧劈皴的画法，并利用西方透视学原理，使得山石呈劈开的片状，呈现出层峦叠嶂、崖光石影的画面意境。青花发色青翠明快，色调变化多端、层次丰富，似水墨画一般，虽为单色，却有深浅、浓淡、虚实之别。该罐器形浑圆稳重，高大挺拔，气魄宏伟，胎体厚重，胎质坚硬，绘画浓淡有韵，尽显康熙年间瓷器的风采。

金属器

连珠纹铜斝

◆◆ 商代（前1600年—前1046年）

◆◆ 高22厘米，口径15.5厘米，足距分别为11.5厘米、12.1厘米、13.3厘米

◆◆ 2008年12月征集

◇ 青铜质。敞口，口沿上立两小柱，束颈，斜弧腹，颈腹部一侧有扁弧鋬，平底，三空锥状足。柱下部与沿连接处有加强筋，两柱下对应颈部有凸弦纹两道，间饰稀疏连珠纹，其他部位无纹饰。三足外侧面正中及对应的器腹颈部位有明显的竖向范线，器外底上也有三叉范线通向足根。鋬面中间有纵向范线一条，对应器腹颈部有范线一周。该斝系三分范，套合鋬部二分范后浑铸而成，对研究商代早期青铜斝的范铸逻辑具有重要价值。

连珠纹铜爵

◆◆ 商代（前1600年—前1046年）

◆◆ 高12.5厘米，流至尾长13.6厘米，足距分别为6.8厘米、6.8厘米、8.2厘米

◆◆ 2004年12月征集

◈ 青铜质。敞口，有加厚唇边，口上立两不发达菌状柱，窄长流，尖尾，近直颈，扁弧鋬，弧腹，平底，三实心三棱锥状足。颈部有凸弦纹两道，其间一侧饰连珠纹三排，另一侧饰连珠纹两排，与1974年河南中牟黄店村出土铜爵造型近似。流与尾尖下对应颈腹部位有纵向范线一条，三足外侧面中间各有纵向范线一条，器外底有三叉范线通向足根，鋬面无分范痕迹，其对应爵颈腹位置素面无纹饰。该器系颈腹二分范，足部三分范，然后套合鋬部范浑铸而成。器物器壁较薄，纹饰简洁，器表分范痕迹明显，对研究商代早期铜爵的范铸逻辑具有重要意义。

兽面纹铜觚

◆◆ 商代（前1600年—前1046年）

◆◆ 高15厘米，口径12厘米

◆◆ 2003年征集

◇ 青铜质。喇叭口，弧颈下收与腹连成一体，圜底，高喇叭状圈足，圈足口内有加厚唇边。腹部饰单线兽面纹带一周，其上有凸弦纹两道，其下有凸弦纹一道，足上部一周均匀分布有三个不规则的十字形镂孔，与河南新郑望京楼出土兽面纹觚造型近似。该器属于宽体式觚，器壁较薄，纹饰简洁，系由二分范铸造而成，对研究商代早期青铜铸造工艺与技术具有重要价值。

兽面纹铜鬲

◆◆ 西周（前1046年—前771年）

◆◆ 高16.7厘米，口径12.8厘米，足距9.6厘米

◆◆ 2004年10月征集

◈ 青铜质。敞口，直唇，双桥形立耳，微鼓腹，分裆，三柱状空足。颈下饰三组兽面组成的纹饰带一周，其造型、纹饰与台北“故宫博物院”藏父辛鬲近同。器外底有明显三叉范线，系三分范铸造而成。该器对研究商代晚期至西周早期青铜鬲的发展演变具有重要价值。

“冉癸”兽面纹铜尊

- 西周（前1046年—前771年）
- 高27厘米，口径21.5厘米，底径14.6厘米
- 2017年5月征集

◈ 青铜质。敞口，弧颈，微鼓腹，圜底，高喇叭圈足。颈与腹交会处饰凸弦纹两道，腹部饰兽面纹两组，兽面正中有长条状扉棱，兽面两侧各饰有一勾喙凤鸟纹。腹与圈足交会处饰凸弦纹两道，圈足纹饰与腹部纹饰近同。圈足内与底部交会处等距离分布三个不规则的三棱锥状突起，圈足内壁一侧有铸铭“冉癸”。圈足口边上有弧形长条浇冒口一条。觚形青铜尊最早出现于河南安阳小屯殷墟三期的墓葬中，商晚期器型主要出土地以安阳为中心，数量最多。西周早期器型主要出土地以陕西汉中为中心，数量较商晚期明显减少。西周中期及其以后，觚形尊几乎退出了中原的历史舞台，虽有发现，也多趋向于明器化。

兽首纹铜当卢

◆◆ 西周（前1046年—前771年）

◆◆ 高31厘米，宽9.1厘米

◆◆ 2000年4月征集

◇ 青铜质。呈扁长条状，上端为兽首状，一对犄角宽大高耸且曲卷，宽鼻，小耳，大眼，两腮圆鼓。自鼻以下为素面长条形，隆起呈弧状，两侧各有约0.5厘米宽的折边。下端为桃状云朵纹与竖条纹。背面有两穿。该当卢纹饰精美，设计巧妙，浑厚端庄，是西周时期该类器物中的珍品。

夔龙纹铜盘

◆◆ 西周（前1046年—前771年）

◆◆ 高8.8厘米，口径31.5厘米，足径20.5厘米

◆◆ 2000年4月征集

◈ 青铜质。敞口，平折沿，浅腹，附耳，平底微圜，高圈足。沿下饰有四组对首夔龙纹，每组夔龙纹中间装饰一条扉棱。器外底铸斜网格纹，内底有铭一行，为“白单乍般盉”五字，铭文线条粗细不均，边呈锯齿状，且结构松散，疑后刻伪铭。该盘高而直的圈足具有商至西周早期铜盘圈足的特征，附耳是西周才出现的形态，对研究商末周初青铜盘的发展演变具有重要价值。

蟠螭纹铜鉴

- 春秋时期（前770年—前476年）
- 高29.5厘米，口径58厘米，足径29.8厘米
- 2017年12月征集

◈ 青铜质。直口，宽薄平沿，沿外边垂直下折，束颈，微鼓腹，两侧有兽首耳，近平底，圈足。颈部、上腹部和下腹部各装饰蟠螭纹带一周，腹上部、腹中部及圈足各饰有绳索纹一周。绳索纹与蟠螭纹均由小纹饰块组合而成，纹饰块之间的交接处有明显的错落痕迹。耳与器腹交会处有明显的规则缝隙，两者是分别铸造后通过焊接的方式完成连接的。器内颈与腹交会处线条呈不规则状，口沿外折边下侧也呈不规则状，弯折凹槽内有橘红色范土。该器器壁较薄，蟠螭纹虽紧密，但纹饰块边际线条凌乱，绳索纹也不笔直，口沿凹槽内和圈足内范土未曾清理，可能是用于随葬的明器，而非实用器。河南淅川下寺楚墓出土有造型和纹饰类似的铜鉴，重量较该器要厚重很多。

蟠螭纹铜鉴

◆◆ 春秋时期（前770年—前476年）

◆◆ 高32厘米，口径56.5厘米，足径29.5厘米

◆◆ 2017年12月征集

◈ 青铜质。直口，宽薄平沿，沿外边垂直下折，束颈，微鼓腹，两侧有兽首耳，近平底，圈足。颈部、上腹部和下腹部各装饰蟠螭纹带一周，腹上部、腹中部与圈足各饰有绳索纹一周。绳索纹与蟠螭纹均由小纹饰块组合而成，纹饰块之间的交接处有明显的错落痕迹。耳与器腹交会处有明显的规则缝隙，两者是分别铸造后通过焊接的方式完成连接的。该器与上一件征集的蟠螭纹铜鉴表面特征相似，可能也是用于随葬的明器。

浮雕龙凤纹铜戈

◆◆ 春秋时期（前770年—前476年）

◆◆ 通长22.2厘米，内宽3.2厘米

◆◆ 2000年5月征集

◈ 青铜质，为主援短胡式二穿戈。圭状锋，直长援，棱形脊，短胡，胡后有两个竖条形穿，窄阑，长方形内。内双面铸阴线象首纹，象鼻弯曲向上，下有上弯两牙，头后装饰重环纹以代身。阑上部与脊交会处有浮雕龙凤纹一组，凤鸟长勾喙，圆眼，宽翅，曲身，内有曲身龙一条，龙首与凤头相对，凤鸟爪下是另一条龙纹，龙身笔直成戈脊。戈表面灰亮。该器造型别致，设计巧妙，极为少见。

素面环纽铜盖鼎

◆◆ 战国时期（前475年—前221年）

◆◆ 通高20.2厘米，口径16.5厘米，足距16厘米

◆◆ 1997年5月征集

◈ 青铜质。由盖、身两部分组成。盖母口，穹隆顶式，呈扁球体状，上有三环纽。鼎子口内敛，略鼓腹，附耳，圜底，下有三蹄足。上腹有刻铭一行五字，中腹饰凸弦纹一道，余皆素面。盖体与环纽有包裹现象，系铸接而成；附耳与器身交接处有明显裂缝，为焊接而成；一足上有长条浇冒口痕迹。该器对研究战国时期青铜器的铸造逻辑与冶铸工艺具有重要价值。

云纹兽耳铜敦

◆◆ 战国时期（前475年—前221年）

◆◆ 通高18.8厘米，口径24.3厘米，底径12.5厘米

◆◆ 2003年4月征集

◈ 青铜质。由盖、身两部分组成。盖隆起，盖沿外折，上有圆形捉手，并有三个小边卡。器身敞口，宽沿外折，束颈，腹下收，两侧各有一个回首附壁的兽状耳，底近平。捉手与盖边饰带状云纹与三角云纹，器腹则用一条中间内凹的宽带纹装饰。器身下部有织物包裹痕迹。

蟠虺纹铜盖豆

◆◆ 战国时期（前475年—前221年）

◆◆ 通高17.3厘米，口径15.5厘米，足径10.5厘米

◆◆ 2003年4月征集

◈ 青铜质。由盖、身两部分组成。盖隆起，母口，上有圆形捉手。器身子口，腹下收，两侧各有一环形耳，圜底，短柄外撇且下折成圈足。捉手饰蟠夔纹，盖部、腹部和足装饰蟠虺纹。该类型的铜盖豆多集中出现于中原地区，如河南洛阳西工区M203出土的铜盖豆与该器就十分近似。

竹节形长柄铜汲酒器

◆◆ 战国时期（前475年—前221年）

◆◆ 长58厘米

◆◆ 2015年4月征集

◈ 青铜质。细长颈，颈上等距离分布三个竹节饰，顶端封闭呈半球形，其上有一桥形纽，纽内套一圆环。颈下端呈喇叭状，有折棱两周，折肩，弧腹下收，平底。颈部最上一节有一长条小孔，底正中有一直径1厘米的圆孔。器内腔与长颈均中空。山东淄博临淄区商王村一战国墓中曾出土一件青铜汲酒器，其造型与该器较为近似，皆为竹节状长颈。该器充分利用了液体流动性的特点和大气压强的原理，巧妙地实现了液体的汲起和排出，是古人对大气压原理和虹吸原理具有科学认识的重要证明，体现了古人的聪明才智和创造力。

嵌松石几何纹铜带钩

◆◆ 战国时期（前475年—前221年）

◆◆ 长14厘米，宽3.5厘米

◆◆ 2003年3月征集

◈ 青铜质。体为琵琶形，前有兽首状钩首，钩身呈琵琶状，钩面微上隆，背部有圆形钩纽。钩面以绿松石嵌出几何纹，似有错银，但已不清晰。

龙首钩形铜饰（2件）

◆◆ 战国时期（前475年—前221年）

◆◆ 长15.1厘米，宽8.2厘米

◆◆ 2003年5月征集

◈ 青铜质。钩为一对，造型相同，大小一致。钩身铸成镂空状龙首形，龙首弯曲成钩，龙身渐粗，尾部成圆銎且有外折窄边，两穿。

狭援内刃铜戈

- 战国时期（前475年—前221年）
- 通长25.1厘米，内长9厘米，内宽3厘米
- 2000年4月征集

◈ 青铜质。援长且狭，前锋尖锐，刃锋利，中脊不甚明显，长胡，内似刀，三面刃，并有一横穿，胡部三穿，有阑。内上有刻铭两列。该戈造型与河南新郑白庙范出土戈近似。

狭援狭胡铜戈

◆◆ 战国时期（前475年—前221年）

◆◆ 通长15厘米

◆◆ 2004年12月征集

◈ 青铜质。前锋尖锐，援窄长，有脊，长胡亦窄狭，下有阑，近阑处有四穿，阑边上有刺，内仅突出阑外2厘米。该戈系双援戟或三援戟的下戈部分。

宽从厚格铜剑

◆◆ 战国时期（前475年—前221年）

◆◆ 长51厘米，首径3.7厘米

◆◆ 2012年5月征集

◈ 青铜质。斜宽从，线形脊，尖峰，“凹”字形厚格，圆茎有两箍，内凹圆首。通体素面。该铜剑刃薄而锋利，剑身脊长与两刃保持平行，至锋处尖削，造型古朴端秀。

三角纹长骹铜矛

◆◆ 战国时期（前475年—前221年）

◆◆ 长27.3厘米，宽3.3厘米，銎口径2.1厘米

◆◆ 2003年5月征集

◈ 青铜质。窄叶刃状，前锋尖锐，脊部突起并形成与两叶垂直的利刃。矛骹较长，有两穿和一铸孔。骹部饰三角纹。

兽首纹铜矛

◆◆ 战国时期（前475年—前221年）

◆◆ 长23.2厘米，宽2.8厘米，銎口径2.5厘米

◆◆ 2003年5月征集

◈ 青铜质。前锋尖锐，有脊，脊两侧各有十余排三角纹，刃下端转折锐利，其下两面各铸一兽首，兽首眉目清晰，双耳直立，一个有两犄角，一个有独角。矛骹渐粗，骹上部饰菱形箍，近口处有一对相对应的圆形穿孔。骹上饰不清晰的几何纹。该矛造型独特，纹饰精美。

蝉翼纹铜矛

◆◆ 战国时期（前475年—前221年）

◆◆ 长19.8厘米，宽3.5厘米，銎口径2.9厘米

◆◆ 2003年5月征集

◈ 青铜质。体呈柳叶状，隆脊有血槽，前锋尖锐，矛自后锋渐收成圆骹，骹口微弧，近口处一侧有一鼻纽，纽上有阳线组成的图案状铭，中脊有相对的两穿。矛身有两组蝉翼纹。该矛系战国时期北方地区常见形态。

铜弩机

◆◆ 汉代（前206年—220年）

◆◆ 郭长12.7厘米，郭宽3.2厘米，望山高6.8厘米

◆◆ 2000年8月征集

◈ 青铜质。该弩机为实用器，由郭、望山、悬刀、钩公牙、键等部分组成。郭后宽前窄，且有沟槽；望山上似有刻度，但已不清晰。郭上有刻铭十余字。

铺首衔环耳铜甑釜

◆◆ 汉代（前206年—220年）

◆◆ 通高29.5厘米，甑口径26厘米，釜口径12.7厘米、足径13.1厘米

◆◆ 1999年10月征集

◈ 青铜质。由甑、釜两部分组成。甑平折沿，弧腹下收，竖条形镂孔平底，宽圈足，腹部铸铺首衔环耳一对。釜呈扁圆形，上有直口与甑圈足扣合，圆肩，肩上有一对铺首衔环耳，鼓腹最大处有一约1.5厘米的宽沿，平底，矮圈足。甑腹部饰带状纹一周，带状纹正中加饰凸弦纹一道，余皆素面。

鎏金银云凤纹铜洗

◆◆ 汉代（前206年—220年）

◆◆ 高6.6厘米，口径18厘米，底径9.6厘米

◆◆ 2001年4月征集

◈ 青铜质。体为圆形，宽折沿微内斜，微弧壁，下内收竖直下折成假圈足，平底。通体鎏金银，器外腹壁装饰线刻云纹，云纹内鎏银，器外底装饰线刻凤鸟纹。该器表面所錾刻的纹饰图案在汉代常见，与河南偃师寇店镇李家村窖藏坑出土铜盘、耳杯纹饰近同。

宽带纹提链铜錏

◆◆ 汉代（前206年—220年）

◆◆ 通高25厘米，口径10厘米，足距10.3厘米

◆◆ 2012年5月征集

◈ 青铜质。体为圆筒形，由盖、身两部分组成。盖为穹隆顶，顶中有扁长方形纽，顶边下折成母口。器身子口，近口部和近底部各有1厘米宽带状箍一周，两侧有对称的桥形纽各一，内套活环相连的提链，平底，三蹄足。通体素面。活环提梁、宽带纹等与山东荣成梁南庄一号墓出土铜錏近似。目前该类器物多出现于河南、陕西等北方地区。铜錏是西汉时期新出现的一类器物，除有盛酒功能外，也可盛装食物等，进入东汉后，基本消亡。

勾连纹铜鋞

◆◆ 汉代（前206年—220年）

◆◆ 通高27.2厘米，口径10.8厘米，足距10厘米

◆◆ 2011年5月征集

◈ 青铜质。体为圆筒形，由盖、身两部分组成。穹隆顶盖，正中有桥形纽，盖内近边处有垂直子口。器身母口，有微内折边，直壁，上端加宽加厚，平底，三矮兽足。壁上部前后各有一铺首，提链缺失。盖顶饰勾连花卉纹，其他部位无纹饰。兽首足、铺首耳及瘦长身与陕西咸阳马泉汉墓出土铜鋞近似。

素面铜方匜

◆◆ 汉代（前206年—220年）

◆◆ 高12.5厘米，口长36.4厘米、宽28.8厘米，底径11厘米×15厘米

◆◆ 2000年7月征集

◈ 青铜质。匜身直口微外撇，窄折沿，上部为圆角长方形状，一侧有一略呈喇叭状的平槽流，流与器身接触处呈台阶状，器腹内收，平底。器壁较薄，素面无饰。该器微微上扬的喇叭状平槽流、圆角近方的口和折腹均与湖北云梦大坟头一号墓出土铜匜近似。西汉铜匜是对战国铜匜的延续，至西汉晚期已基本消失。该器对研究这一时期铜匜的发展演变具有重要价值，也是汉代该类器型的重要物证。

素面矮足曲柄铜烛台

◆◆ 汉代（前206年—220年）

◆◆ 高7.8厘米，通长27.1厘米，盘径14.3厘米，足距11.4厘米

◆◆ 2000年9月征集

◈ 青铜质。烛台呈盘状，直立口，外侧有加厚宽唇边，直壁下折内收，平底，烛盘内中央有一钉状烛座，下有三矮蹄足，其中一足上壁连一变形的兽首状曲柄。外底一侧有刻铭三行，由右至左隶书约十八字："二年吏口工末灾（交）内省府二计重二斤十五两。"

铜漏壶

◆◆ 汉代（前206年—220年）

◆◆ 通高10.5厘米，流至鋬长20.5厘米，足距10厘米

◆◆ 2011年12月征集

◈ 青铜质。由盖、身两部分组成，整体似管状，素面无纹饰。盖顶上有半环形小纽，盖边上有竖折，左侧折边延伸出长条状连轴与器壁连铸，上有半圆形盖与器顶正前方的竖条状纽连在一起。器顶正后方与壁接合处有方体竖管，中空至器内，左右侧壁各有一圆孔。器壁正左侧下方与底接合处有锥状流，中空至器内底。器壁正右侧上部与顶交会处有把手，近端上侧高出器顶，下侧连接器壁，且有内凹槽连通器内，远端连接一圆环。目前公开发表的漏壶资料极少，形制也各不相同。该器是其中形体较小者，设计巧妙，造型独特，是该类器物中的珍品，对研究我国古代的记时方式和制度等具有重要的价值。

镂孔云纹铜染炉

◆◆ 汉代（前206年—220年）

◆◆ 通高11.3厘米，长17厘米，宽10厘米

◆◆ 2000年6月征集

◈ 青铜质。体近长方形，长边两侧各有一对矮蹄足，四壁微呈二层台阶状，下小上大。长边各有两个四棱形镂孔，短边各有一个四棱形镂孔，上部两短边上各有一半圆形炉壁，镂孔成云纹。底一侧有一插孔用以插柄，缺柄、耳杯和托盘。染炉是西汉时开始出现的一类器物，与当时的染食习惯有关，属于商品类生活用具，镂孔云纹、四神纹饰的染炉流行于西汉中晚期，目前未发现东汉时期的该类器物。近年河南南阳李沟墓地出土的一对镂孔云纹染炉由耳杯、染炉和方盘三部分组成，其中染炉的形态与该器相似。

铜鹊尾行炉

◆◆ 北宋（960年—1127年）

◆◆ 通高11.5厘米，长32厘米，大口径5.8厘米，小口径3.2厘米

◆◆ 2016年12月征集

◈ 青铜质。体似莲枝状，由炉、座和柄三部分组成。炉有大小两个，大炉仰莲状外表，直子口，内空，上有圆形镂孔盖，圆形莲底下接直茎，下为荷叶形炉座。茎部支出一茎向后延伸成炉柄，由圆逐渐变宽边，尾段向下弯曲。大炉后茎上立一小炉，整体似一莲花苞。行炉是源自古代印度的一种行香用具，南北朝时期形成的行香佛教礼仪在唐宋时期盛行。行炉中的有柄者被古人称为"鹊尾炉"，使用者往往身份地位比较高，甘肃永靖炳灵寺石窟十六国时期西秦壁画中的鹊尾炉是时代最早的一例。目前只有内蒙古赤峰宁城埋王沟辽墓出土的一套莲花形鹊尾炉与该炉造型、纹饰近同，愈显其弥足珍贵。

蟠螭纹铜镜

◆◆ 战国时期（前475年—前221年）

◆◆ 直径15.2厘米，厚0.15厘米

◆◆ 2011年12月征集

◈ 青铜质。镜呈圆形，素缘。镜背面中央为三弦纽，圆纽座，座外为外向八连弧纹。主纹为三条围绕纽座等距排列的蟠螭，蟠螭张口勾首，长尾卷曲，线条圆润流畅。外围为内向十六连弧纹带，地纹为细密的云雷纹。该镜镜面平直，镜体轻薄，形制及纹饰皆有战国铜镜的典型特征。

龙虎铭文铜镜

◆◆ 东汉（25年—220年）

◆◆ 直径16.3厘米，厚0.5厘米

◆◆ 2017年5月征集

◈ 青铜质。镜呈圆形，素缘。镜背面中央为圆形纽座和圆形纽，内区为高浮雕龙虎纹，其外有一周铭文带，铭曰：“佳镜兮乐未央，辟邪天禄居中央，杜氏所作成文章，服之吉利富贵昌，子孙备具金甫堂，传之后世以为常，男封列侯皆九（卿）。”外区饰一周栉齿纹、一周锯齿纹和一周连叶纹。铜镜早在4000年前的齐家文化中就已经出现，而后不断发展，在汉代达到第一个高峰。汉代的铜镜较之前代不仅种类繁多，在艺术表现手法上也有了很大的进步，尤其是铭文大量出现，并逐渐成为铜镜的主体装饰，这些铭文直观地体现了汉代的社会思想文化。这件龙虎铭文铜镜的铭文内容就体现了汉代人对富贵吉祥、高官厚禄的追求和渴望。

东王公西王母画像铜镜

◆◆ 东汉（25年—220年）

◆◆ 直径19.5厘米，厚0.5厘米

◆◆ 2016年12月征集

◈ 青铜质。镜呈圆形，素缘。镜背面中央为圆形纽座和圆形纽，内区为两两相对的四只神兽。中区以四圆形纽分为四区，其中两区为高浮雕的东王公、西王母，东王公头戴三山冠，下颌有髯，西王母背生双翼，其旁有“西王母”榜题，东王公和西王母两侧均各有一侍者。另外两区为乐舞、百戏画像。中区外有一周铭文带，铭曰：“王氏作竟（镜）真大巧，上东王□（公）西王母，令君阳遂宜孙子兮。”外区为一周栉齿纹、一周锯齿纹、两周波浪纹及一周锯齿纹。铜镜作为照面饰容的工具，是中国古代的一种常见生活用品，与人们的生活密切相关，在一定程度上反映了古人的思想、文化和艺术审美。两汉时期，对西王母的崇拜在社会上盛行，在东汉又出现了与西王母相对应的形象——东王公，这件铜镜的纹饰及铭文就体现了当时社会上对东王公、西王母的崇拜及对“宜子孙”的期盼。

海兽葡萄铜镜

◆◆ 唐代（618年—907年）

◆◆ 直径11.8厘米，厚1.1厘米

◆◆ 2012年4月征集

◇ 青铜质。镜呈圆形，镜背中央为伏兽形纽，纽外以凸弦纹为界分为内外两区，内区沿纽一周为高浮雕的追逐嬉戏的四只海兽，外区有葡萄、花卉、飞禽。镜缘有一周弦纹。该镜镜面稍突，镜体厚重，图案繁缛，是盛唐时期的典型代表。海兽葡萄镜是唐代最为流行的镜种之一，出土数量多，流行地域广。该类镜中的海兽形态似狮非狮，似马非马，亦有人称之为狻猊。葡萄原产于西域，汉代时引入中原，至唐代已经大范围种植，由于葡萄具有"多子多福"的寓意，因此成为受人青睐的一种吉祥植物纹样。

山岳铜镜

◆◆ 唐代（618年—907年）

◆◆ 直径26.7厘米，厚0.5厘米

◆◆ 2017年5月征集

◈ 青铜质。镜呈圆形，素缘。镜背中央为一矮桥形纽，纽周围为水波纹，其外以四座山岳将镜身分为四区，山岳层峦叠嶂，其间又装饰有云气、草、树、飞鸟、鹿、羚羊等纹饰，一派自然之趣，仿若身处桃源仙境，体现了唐代社会对仙山琼阁的向往。唐代是铜镜继汉代以后的第二个发展高峰，此时无论是制镜工艺还是造型纹饰都有了新的发展和变化。该类铜镜目前出土传世数量较少，这件山岳铜镜与1992年河南洛阳东郊热电厂C7M622唐墓中出土的一件山水禽兽纹铜镜极为相似，属唐代铜镜中的精品。

铜消防水枪（2件）

◆◆ 清代（1644年—1911年）

◆◆ 通长138.5厘米，最大直径5厘米

◆◆ 2016年6月征集

◈ 青铜质。水枪呈长筒状，中下部用竹篾包裹，现已锈蚀。使用时将水枪头放入水桶里，用手握紧水枪尾部向上抽，利用伸缩真空吸水的原理，将水吸入筒中，再将水枪头对准火点，将枪尾向内压，使筒内之水从狭小的枪头喷出。这种消防水枪设计精巧，较之清代的大型消防水龙操作更方便，一人即可操作使用，由于出水量较少，射程稍近，一般在较小的火灾中使用。此铜消防水枪体现了古代劳动人民的聪明才智，也见证了我国消防发展的历史。

嵌金银虎形铁镇

◆◆ 汉代（前206年—220年）

◆◆ 高6厘米，长10厘米，宽6厘米

◆◆ 2016年4月征集

◈ 铁质，表面嵌金银。整体为卧虎形，屈膝趴伏，勾头回望，双耳贴于虎首，张口，姿态生动自然，威而不怒。镇是古代文房用具的一种，材质通常为陶瓷、金属、玉、竹木等，造型多塑造为尺形、圆形或各种动物形态，有面积小而分量重的特点，便于压纸张或书册。镇既有实用意义又有艺术价值，体现了主人的艺术情趣，在古代文人雅士中颇为流行。

铁锚

◆◆ 明代（1368年—1644年）

◆◆ 高99.5厘米，宽68厘米

◆◆ 2008年7月征集

◈ 铁质。锚下部呈向上弯曲的四爪状，其中一爪内弯成圆并套一直径为10厘米的活环，四爪交会处为上小下大的四方梯形，中间为下粗上细的八棱状柱，顶端压成扁状，有一孔，内套活环。四爪交会处的下边还有一向下的小环，环的直径约为6厘米。

“一钱”双提梁锡壶

◆◆ 民国时期（1912年—1949年）

◆◆ 高17.5厘米，口径7.2厘米，底径10.3厘米

◆◆ 2014年6月征集

◈ 锡质。体为圆形，由盖、身两部分组成。盖子口，呈“凹”字形，折边光素，盖中镶“一钱”铜币，内底有“点铜”铭款。身母口，唇下有凹弦纹一周，直颈，溜肩，束腰，矮圈足，微圜底，有“点铜”铭款。整体素面。

“道口广盛”葫芦形温酒锡壶

◆◆ 民国时期（1912年—1949年）

◆◆ 通高28厘米，口径5.3厘米，底径8.5厘米

◆◆ 2014年6月征集

◈ 锡质。体为圆形，由盖、身和温酒器三部分组成，子母口，葫芦形。盖子口，葫芦形纽，圆弧顶，周边加厚，顶下为圆筒状盖壁。身唇外撇，直颈，斜肩，上鼓腹，下收成直筒状，平底，外底有“道口广盛”“刘家老店”“点铜”铭款。肩两侧各附两葫芦状流，葫芦蒂与器身颈部的直扁条相连。温酒器敛口，鼓腹，两侧各附有葫芦状耳，圈足，平底，有“道口广盛”“刘家老店”“点铜”铭款。酒壶与温酒器组合成一大葫芦，各附小葫芦的下部有窗花状镂空，酒壶肩腹部饰以花草纹，温酒器腹一侧饰鹿、鹤图案，另一侧为“福如东海，寿比南山”八字。

“道口聚盛”竹节式双提梁锡壶

- 民国时期（1912年—1949年）
- 高20厘米，口径7.5厘米
- 2014年6月征集

◈ 锡质。体为圆形，由盖、身两部分组成。盖呈“凹”字形，内底有“道口聚盛”铭款。身平口，直颈，平折肩，筒腹，平底，肩上有双提梁，腹一侧有竹节形流，平口下有凹弦纹一道，腹饰竹节纹，外底有“道口聚盛”铭款。

“道口聚盛老号”六棱錾花提梁温酒锡壶

◆◆ 民国时期（1912年—1949年）

◆◆ 通高13.5厘米，直径8.9厘米，底径8.3厘米

◆◆ 2014年6月征集

◈ 锡质。体为六棱形，由盖、身和温酒壶三部分组成。盖子口，呈“凹”字形。身母口，敛口，短直颈，斜肩似伞盖，肩上有单提梁，直腹，一侧有流，平底。温酒壶呈六边形，平口，口边下折，卵包器腹，六边直棱，平底上包腹边，六边装饰竹、兰、莲花等花草纹，外底有“道口聚盛老号”“点铜”铭款。

“聚盛”喇叭口斟酒锡壶

◆◆ 民国时期（1912年—1949年）

◆◆ 高12.4厘米，口径3.9厘米，底径6厘米

◆◆ 2014年6月征集

◈ 锡质。体为圆形，喇叭口，束颈，斜折肩，弧腹，平底。颈与腹各有宽凸弦纹一周。外底有“聚盛”铭款。

“道口广兴隆造”双提梁锡壶

◆◆ 民国时期（1912年—1949年）

◆◆ 通高14厘米，口径6厘米，底径7.8厘米

◆◆ 2014年6月征集

◈ 锡质。体为圆形，由盖、身两部分组成。盖子口，上有寿桃状纽和枝叶状浮雕，盖内有“道口广兴隆造”“点铜”铭款。身母口，溜肩，斜腹，圆形平底，肩上有单提梁，腹一侧有流。通体素面。

“道口广盛”椰壳镶铜锡壶

◆◆ 民国时期（1912年—1949年）

◆◆ 通高14厘米，口径6.5厘米，底径7.1厘米

◆◆ 2014年6月征集

◈ 体为圆形，由盖、身两部分组成。盖子口，上有柱形纽，盖周边镶铜，盖内有“点铜”“刘家老店”“道口广盛”铭款。身母口，平唇外折，束颈，鼓腹，溜肩，平底，底部有四个椭圆柱足，腹一侧有缠藤铜錾，另一侧有象鼻形流。唇外缘饰有一道细绳纹，肩部和底部镶铜且饰以铆钉，腹部一侧刻有椰树、帆船和海鸟图案。

“道口合聚”双提梁锡壶

◆◆ 民国时期（1912年—1949年）

◆◆ 通高13厘米，口径4.2厘米，底径7.2厘米

◆◆ 2014年6月征集

◈ 锡质。体为圆形，由盖、身两部分组成。盖上有立桥形纽，整体如菌状。身折口，溜肩，肩上有双提梁，弧腹下呈喇叭状，平底，腹一侧有流。上腹饰粗凸弦纹一周，盖内、外底各有“道口合聚”“点铜”铭款。

“道口兴盛”花鸟纹方体提梁锡壶

◆◆ 民国时期（1912年—1949年）

◆◆ 通高15.5厘米，口径4厘米，底径6.3厘米

◆◆ 2014年6月征集

◈ 锡质。体近长方体，由盖、身两部分组成。盖子口，上有寿桃状纽，顶部有一周凹弦纹，整体呈菌状。身母口，竖颈，平肩，直腹，平底，肩上有水井架式的单提梁，腹一侧有流。壶身四面各饰有花鸟，底部有“道口兴盛”“点铜”铭款。

“道口振兴”喇叭底提梁锡壶

◆◆ 民国时期（1912年—1949年）

◆◆ 通高12.2厘米，口径3厘米，底径6.6厘米

◆◆ 2014年6月征集

◈ 锡质。体为圆形，由盖、身两部分组成。盖子口，花蒂纽，伞状盖顶，其下有斜直壁口，盖内有“点铜”铭款。身母口，直颈，溜肩，束腰，喇叭状平底，肩上有单提梁，腹一侧有流。器外底有“道口振兴”“点铜”铭款。

“道口聚盛”提梁锡壶

◆◆ 民国时期（1912年—1949年）

◆◆ 通高12.3厘米，口径5厘米，底径5.7厘米

◆◆ 2014年6月征集

◈ 锡质。体为圆形，由盖、身两部分组成。盖上有蕾纽，沿外有一道圆形凹弦纹，内底有“道口聚盛”“点铜”铭款。身敛口，竖颈，折肩，斜腹，圆形平底，肩上有单提梁，腹一侧有流，颈部有一道凹弦纹。

“德聚”饰福寿锡烛台（1对）

◆◆ 民国时期（1912年—1949年）

◆◆ 高24厘米，直径5.5厘米，座长7.6厘米、宽5厘米

◆◆ 2014年6月征集

◈ 锡质。烛台整体分三部分：上部为荷叶状烛台，烛台中央为烛钎；中部为镂空的“福”“寿”二字，两字中间以如意形蜡托相连接；下部为佛像床座，座底部有“德聚”铭款。

玉器

玉料

◆◆ 齐家文化时期（前2200年—前1600年）

◆◆ 长43厘米，宽9厘米，厚12厘米

◆◆ 2006年8月接受捐赠

◈ 体呈不规则的长方体状，顶端有两道较深的片切割痕迹，侧面有一道开料时留下的切割痕，底部也有两道切割痕迹。当时使用的开料工具多为石质工具，一般加工成较薄的带刃形态，加水蘸取解玉砂后在玉料上进行切割。齐家文化距今5000—4000年，其文化遗址主要分布于黄河上游的甘肃临夏地区，青海东部及宁夏部分地区也有少量发现。齐家文化玉器按照用途大致可分为礼器、兵器、工具和装饰品等几大类，所用玉材基本是新疆、甘肃、青海地区的玉料。

玉琮

◆◆ 齐家文化时期（前2200年—前1600年）

◆◆ 高12.7厘米，口径8.3厘米

◆◆ 2006年7月接受捐赠

◈ 体呈外方内圆状，中空，孔壁直，两端有短射，四角有凸棱。俯视可见琮体呈现略不规则的方形，琮外壁为略微向外扩的弧形，通身呈青绿色，局部有黑斑，素面无纹，玉质细腻，打磨光滑。齐家文化时期的玉琮作为一种重要的礼器，一般少有纹饰，以简单的素面造型为主，整体造型端正大气。

青玉透雕龙形佩

◆◆ 战国时期（前475年—前221年）

◆◆ 长31.2厘米，宽9.8厘米

◆◆ 1997年5月征集

◈ 体为扁平状，受铁锈沁，呈“S”形，龙低首，龙头较小，上唇长而上卷，龙身较宽，身体转角处带有小鳍。通身周边饰弦纹一周，内饰线刻谷纹，颈部饰网格纹，尾部上翘并饰“人”字纹。两面纹饰相同。谷纹龙形佩是战国时期具有代表性的作品，其玉龙造型灵活生动，线条流畅，具有明显的力量感。

青玉螭龙纹砚

◆◆ 明代（1368年—1644年）

◆◆ 长17.6厘米，宽13.5厘米，厚5.1厘米

◆◆ 2016年12月征集

◈ 整体呈椭圆形，由砚盖和砚座两部分组成。砚盖上雕刻有三条翻转腾挪的螭龙，螭龙头部似虎，五官紧凑地集中于面部，身细长，肌肉饱满，尾部弯曲的弧度很大，营造出灵动的游移感。砚座磨制有微凹的圆形砚堂和较深的月牙形砚池。该砚形制浑厚朴实，纹饰雕工凝重洗练，螭龙造型自然生动，展现了当时的雕刻技术和时代风格，其艺术价值远远超过实用价值。砚与笔、墨、纸被合称为“文房四宝”，是传统文房案头常备之物。砚是由古代的研磨器发展而来的，战国至汉代的墓葬中常见的石研和研石的组合也被认为是后世砚的前身。砚在形制上发生重大变化从而更趋向于后世砚是在东汉时期。明清时期是砚制作工艺发展的鼎盛时期，相较于清代繁缛华丽的造型和精细的雕工，明代砚的整体风格更加简约自然。

白玉蟠螭纹鸡心佩

◆◆ 明代（1368年—1644年）

◆◆ 长7.4厘米，宽4.8厘米，厚0.2厘米

◆◆ 2006年3月征集

◈ 体为扁平椭圆状，中有一孔，正面上下饰蟠螭纹。背面有突起一周，顶端有一道小凹槽，下端饰卷云纹。鸡心佩又称韘形佩，大多用玉制作而成，由古代的韘演化而来。韘是古人射箭时戴在右手大拇指上为避免开弓拉弦时手指被弓弦勒伤而使用的工具。依据目前的考古发现，韘至迟在商代晚期已经出现。随着时间的推移，韘逐渐丧失其实用功能而显现出作为配饰的功用。西汉早期是韘形佩兴起的重要阶段，这一时期韘和韘形佩是一种并存的状态。到了西汉中期以后，韘形佩则完全取代了韘。东汉时期，韘形佩的数量大大减少，至晋代以后，韘形佩已非常少见。明清时期仿古之风盛行，汉代韘形佩也成为较常见的仿制器物。

二道都将景明元年營構太極都将持節
持節輔國将軍都督南徐梁城壽春之鍾
騎常侍使持節撫慰北蕃三州七鎮新附
節都督恒州諸軍事征虜将軍恒州刺史
平中河南尹河南邑中正侍中度支尚書
使持節散騎常侍都督關西諸軍事安西
帝内任腹心外蕃維扞如何遘疾台華夙
七月壬寅朔十有一日壬子薨于位春秋
中鎮北大将軍定州刺史朝議安民立政
丁酉二月壬辰朔廿九日庚申窆于河内
天監魏録神固帝族載挺雄英式照金玉

墓志石刻

元苌墓志

- 北魏熙平二年（517年）
- 高79厘米，宽79厘米，厚23厘米
- 2008年3月征集

◈ 青石质。志石呈正方形，有界格。志文正书26行，满行26字，共计664字。

志文：

魏故侍中、镇北大将军、定州刺史、松滋成公元君墓志铭/

使持节散骑常侍、都督雍州关西诸军事、安西将军、雍州刺史、松滋/公，姓元，讳苌，字於巅，河南洛阳宣平乡永智里人也。/太祖平文皇帝六世孙，高凉王之玄孙，使持节散骑常侍、征南将军、/肆州刺史襄阳公之孙，使持节羽真辅国将军、幽州刺史松滋公之/世子也。皇兴二年，召补大姓内三郎。自袭爵松滋公，历镇远将军。太/和十二年，代都平城改俟勤曹，创立司州，拜建威将军、畿内高柳太/守。俄迁辅国将军、北京代尹。十六年，蠕蠕犯塞，以本官假节征虏将/军、北征西道别将。十七年，皇宇徙构，迁洛之始，留公后事，镇卫代都，/授持节平北将军，摄总燕方，仍持节本将军、怀朔镇都大将。廿一年，/高祖孝文皇帝南讨江杨，从驾前驱，董帅前军，北讨高车、东征奚寇/二道都将。景明元年，营构太极都将，持节镇远将军、抚冥镇都大将，/持节辅国将军，都督南征梁城、寿春之钟离。太中大夫兼太常卿、散/骑常侍、使持节，抚慰北蕃三州七镇新附蠕蠕。衔命北巡大使、使持/节都督恒州诸军事、征虏将军、恒州刺史、北中郎将、带河内太守。永/平中，河南尹、河南邑中正、侍中、度支尚书、诠量鲜卑姓族四大中正、/使持节散骑常侍、都督关西诸军事、安西将军、雍州刺史。公历奉五/帝，内任腹心，外蕃维扞。如何遘疾，台华夙掩。延昌四年，岁在乙未秋/七月壬寅朔十有一日壬子薨于位，春秋五十有八，册赠使持节、侍/中、镇北大将军、定州刺史。朝议安民立政，谥曰成公。熙平二年岁次/丁酉二月壬辰朔廿九日庚申窆于河内轵县岭山之白杨鄢。志曰：/

天监魏录，神固帝族。载挺雄英，式照金玉。逸性霞褰，烈气霜烛。孝睦/绝伦，忠贞冠俗。自家形国，秉律维城。三翊皇甸，再尹神京。外缉端揆，/内燮枢局。功匡地义，智济天经。政委良牧，治在振民。作镇关辅，垂化/旧秦。清明照日，威猛凝神。德音唯永，晖光载新。善绩方融，甘泉且竭。/亭夏摧梁，先秋落月。存名既易，追宠已发。金石可志，声明不歇。

根据志文可知，志主元苌，河南洛阳宣平乡永智里人，世系显赫，历官40余年，是北魏时期皇室的心腹重臣。元苌事迹在《魏书》卷十四《神元平文诸帝子孙》中有所记载，与文献记载相较，《元苌墓志》记载的元苌历官更为详尽，可与《魏书》互证，以补史缺。

该志书法风格遒劲华丽、端庄丰腴，书体方正遒美，结体茂密严谨，笔致方圆兼备、线形明朗、起收有度、转折兼用，特别是该志新出土不久，文字刀口清晰如新发于硎，韵高律严，形端神奕，落落大方，颇具庙堂之气，堪称魏碑体中之上品。志文所记事迹内容涉及北魏前期战事等诸多历史事件，具有证史、补史的作用，是研究北魏历史和书法艺术的重要实物资料。

魏故侍中鎮北大將軍定州刺史松滋成公元君墓誌銘
使持節散騎常侍都督雍州關西諸軍事安西將軍雍州刺史松滋
公姓元諱萇字於巔河南洛陽宣平鄉永智里人也
太祖平文皇帝六世孫高涼王之玄孫使持節散騎常侍征南將軍
肆州刺史襄陽公之孫使持節羽真輔國將軍幽州刺史松滋公之
世子也皇興二年名補大姓內三郎自龍爵松滋公歷鎮遠將軍太
和十二年代都平城改俟懃曹創立司州拜建威將軍畿內高柳太
守俄遷輔國將軍北京代尹十六年蠕蠕犯塞以本官假節征虜將
軍北征西道別將十七年皇宇徙構遷洛之始留公後事鎮衛代都
授持節平北將軍攝撫燕方仍持節本將軍懷朔鎮都大將廿一年
高祖孝文皇帝南討江楊從駕前驅董帥前軍北討高車東征奚寇
二道都將景明元年營構太極都將持節鎮遠將軍撫冥鎮都大將
持節輔國將軍都督南征梁城壽春之鍾離太中大夫兼太常卿散
騎常侍使持節撫慰北藩三州七鎮新附蠕蠕銜命北巡大使使持
節都督恒州諸軍事征虜將軍恒州刺史北中郎將帶河內太守永
平中河南尹河南邑中正侍中度支尚書詮量鮮卑姓族四大中正
使持節散騎常侍都督關西諸軍事安西將軍雍州刺史公歷奉五
帝內任腹心外藩維扞如何遘疾台華風掩延昌四年歲在乙未秋
七月壬寅朔十有一日壬子薨于位春秋五十有八冊贈使持節侍
中鎮北大將軍定州刺史朝議安民立政謚曰成公熙平二年歲次
丁酉二月壬辰朔廿九日庚申窆于河內軹縣嶺山之白楊鄔誌曰
天監魏錄神固帝族載挺雄英或照金玉逸性霞褰烈氣霜燭孝睦
絕倫忠貞穆俗自家刑國秉律維城三翊皇甸再尹神京外緝端揆
內變樞局功匡地義智濟天經政委良牧治在振民作鎮開輔垂化
舊泰清明照日盛溫凝神德音唯永暉光載新善績方融甘泉且竭
亭夏摧梁先秋落月存名既易追寵已蔑金石可誌聲明不歇

高允墓志

◆◆ 北齐天统三年（567年）

◆◆ 高85厘米，宽85厘米，厚14厘米

◆◆ 2008年6月征集

◈ 青石质。志石呈正方形。志文正书26行，满行29字。无撰书人姓名，有方界格。

志文：

□讳允，字孝绪，勃海条人。昔者清渭呈符，奄荒四履之地；卑溪感瑞，爰定一/匡之业。隆构轶于九成，遥源浚乎六水。逮夫天眷明德，帝受龙图，则有别岭/干霄，分流带地。世袭龟组，族茂麟角，令闻令望，不其盛也。祖珍，仪同，文景公；/父永乐，太师，武昭公；并立德立言，可大可久。勒鸿名于戈鼎，播美烈于笙镛。/王禀粹贤星，资和秀气，天机冲爽，神宇淹华，望俨即温，静仁动智。十岁，袭爵/扬州县开国公。天保受命，大启槃石，金玺承家，属我明茂，乃封修城郡王，食/邑千户。寻除散骑侍郎，俄转通直散骑常侍，位邻执戟，服丽拥珰，陈力趋朝，/宾实无爽。转武卫将军，内警周庐，出屯通跸，戎昭果毅，肃焉难犯。顷之/行定州事，转行济州。满岁即真，有自来矣。恩均夏雨，威拟秋霜。北岳燕赵之风，南/河齐鲁之俗，六条所被，一变至道。入为宗正少卿，累迁光禄少卿、司徒左长/史。秉珪棘序，川渎载宁；赞铉槐阴，星象增耀。从班进品，加授冠军将军，复除/假仪同三司，仍迁魏尹。民杂五方，地兼六遂；豪右称剧，检御为难。既而举直/厝枉，提纲理目，钩距之术未行，神明之号俄远。转大宗正卿，出行沧州事。亟/临蕃岳，夙著风声，览辔褰帷，不严而治。惟王高情远度，辽廓杳冥，温矛敦厚，/体于诗教，恭俭庄敬，得之礼经，卑以自牧，贵而能降，足使司马武骑游以忘/归，邯郸博士对而叹息。但刘安之药，空曰长生；曹衮之堂，终悲遂志。以天统/三年七月己亥朔十五日癸丑遘疾薨于第，春秋

三十五。一人流悼，百辟兴/嗟。诏赠使持节、都督兖州诸军事、卫大将军、兖州刺史、仪同三司、太常卿，/修城王如故，谥曰：王，礼也。粤天统三年岁次丁亥十月戊辰朔十八日/丁酉葬于祭陌河西北五里长岗东三百步。一丘孤迥，随燕壤而共高；九泉/幽寂，与鱼山而俱远。式刊贞石，以旌景行。乃为铭曰：/

层城峻构，委水丰源。业光前绪，庆流后昆。翠绥鸣玉，大盖文轩。必复甚始，先/民有言。笃生异人，克昌华胄。龙章凤彩，玉荣松茂。非位而尊，无财以富。是谓/民杰，实惟朝秀。酎金清庙，执玉紫庭。班条作牧，践棘为卿。既毗台府，兼尹帝/讴。善绩，物仰嘉声。方期大赉，永锡仁寿。弱草栖尘，奔驹度牖。奄辞华屋，即安/荒阜。徒播鸿名，天长地久。

志文未记志主姓氏，但有其父高永乐为太师、武昭公之辞，可知其应出身于北齐高氏宗室。《北史·齐宗室诸王传上》中记载高永乐“无子，从兄思宗以第二子孝绪为后，袭爵。天保初，改封修城郡王”，与志主“字孝绪，……乃封修城郡王”的记载相吻合，可知志主应为高允。该墓志的发现可与《北史》记载相互印证，补充了文献记载的不足。志文正书为北朝晚期平和灵秀的风格特征。

諱允字孝緒勃海蓨人昔者清渭呈符奄荒四履之地畢溪感瑞爰定一
匡之業隆攝軼於九成還源浚乎六水逮夫天睹明德帝受龍圖則胥剔積
干霄分流帶地世襲龜組族茂麟角令聞令望不異盛也祖珍儀同文景公
父永樂太師武昭公並立德立言可大可久勳名於戈鼎播美烈於笙鏞
王稟粹賢星資和秀氣天機沖爽神宇淹華望儼即溫靜仁動智十歲襲爵
揚州縣開國公天保受命大啓槃石金璽承家屬我明茂乃封脩城郡王食
邑千戶尋除散騎侍郎俄轉通直散騎常侍位隣執戟服麗擁璫陳力趍朝
賓實無爽轉武衛將軍內警周廬出屯通蹕戒略果毅肅爲難犯項之行定
州事轉行濟州事州滿歲即真有自來矣旦均夏雨威擬秋霜北岳燕趙之風南
河齊魯之俗六條所被一變至道入爲宗正少卿累遷光祿少卿司徒左長
史秉珪棘處儿瀆載寧贊鉉槐陰星象增耀從班進品[illegible]授冠軍將軍復除
假儀同三司仍遷魏尹民雜五方地兼六遂豪右稱劇撿御爲難既而舉直
厝枉提綱理目鈎距之術未行神明之号俄遠轉大宗正卿出行滄州事戢
臨蕃岳風著風聲覽戀褰帷不嚴而治惟王高情遠度遼廓杳冥溫柔敦厚
體於詩教恭儉莊敬得之禮經畢以自牧貴而能降足使司馬武騎避以忘
歸邯鄲博士對而歎息但劉安之藥空日長生曹褒之堂終悲遂志以天統
三年七月己亥朔十五日癸丑遘疾薨于第春秋三十五一人流悼百辟興
嗟詔贈使持節都督兗州諸軍事衛大將軍兗州刺史儀同三司太常卿
脩城王如故謚曰　王禮也粵天統三年歲次丁亥十月戊辰朔十[illegible]日
丁酉葬于祭陌河西北五里長崗東三百步一丘孤迥隨鵝壤而共高九泉
幽寂与魚山而俱遠式刊貞石以旌景行乃爲銘曰
層城峻攝姜水豊源業光前緒慶流後裔翠綏鳴玉大蓋文軒必復其始先
民有言篤生異人虓昌華胄龍章鳳彩挺榮松茂非位而尊無財以富是謂
民傑實惟朝秀耐金清廟執玉紫廷班條作牧踐棘爲卿既毗台府兼尹帝
謳善績物仰嘉聲方期大賚永錫仁壽弱草栖塵奔駒度牖奄辭華屋即安
荒阜徒播鴻名天長地久

杨异墓志并盖

◆◆ 隋仁寿元年（601年）

◆◆ 志盖高、宽均57.3厘米，厚8.5厘米；
志石高57厘米，宽57.5厘米，厚9.8厘米

◆◆ 2008年9月征集

◈ 青石质，由墓志和志盖组合而成。志盖为覆斗形，其上篆书5行5字；志石为正方形，正书25行，满行28字，无撰书人姓名，有方界格。

志盖：

大隋使持节/上开府、工部/尚书、吴州总/管、昌乐公杨/使君之墓志

志文：

大隋使持节上开府仪同三司、工部尚书、吴州总管、昌乐县开国公杨使/君墓志铭并序/

公讳异，字文殊，弘农华阴人也。安平入仕，与博陆而俱升；太尉匡朝，比司/徒而联世。朱轮华衮，于是克昌；钟磬管弦，由兹无绝。祖钧，司空、文恭公，懋/德树声，光槐燮鼎。父俭，金紫光禄大夫、夏阳庄公，重道崇儒，含仁履义。公/瑚琏之器，无待琢磨；廊庙之材，自天生德。一壝云基，东岳之功可想；六翮/将奋，南图之志在焉。是以孤竹流音，子野以之清听；燋桐在爨，伯阶由斯/倒屣。故得声高咸洛，誉重京华。三辅揖其风猷，五陵资其墙刃。历官辅国/将军、中散大夫、车骑将军、宁都太守，迁骠骑将军、右光禄大夫，寻以本官/为左旅大夫，封昌乐县开国公，食邑一千户。既而纳禁将登，讴歌有集。公/以宗臣，爰参揖让。开皇元年，为宗正少卿。二年，为益州总管府长史。蕃后/蜀王，以明德茂亲，广渊齐圣，初裁美锦，公实首僚。若乃庄蹻未窥，陈冰不/届，固以屈膝来王，连衿请职。寻除西南道兵部尚书，又为宗正少卿，除工/部尚书。仲英纯謇，再入紫微；子通讽议，频腰苍玉。十二

年，出总管吴、泉、括、/婺四州诸军事，吴州刺史。童趋美稷，惠渐淮阳，俗康教义，民欢乐土。廿年/九月廿七日薨于州镇，春秋六十有八。以仁寿元年岁次辛酉十月辛亥/朔廿三日癸酉归葬于旧县华阴东原之茔，谥曰：公，礼也。公宏才博赡，/杰气高标，道蕴荣华，神凝玄寂。缨褐不殊其操，宠辱未概其心。青云与翠/盖同归，皎月与英情共远。夫人穆氏，匹惟秦晋，姆范承徽，公宫立德，鱼轩/从政，霜露先侵，翟服孤征，松龛独掩。粤以其日合葬于郊。日月逾迈，陵谷/贸迁。嗟金石之非永，惧蕴德于遐年。爰戒庸音，乃为铭曰：/

在镐分源，临河建国。仍世秉灵，实天生德。爰遣四知，乃徭三惑。衮誉风举，/王猷渊塞。亦既挺生，笃此家声。光参十乘，价重百城。入纡文组，出曳长缨。/仁随事积，愫与时盈。景宿潜辉，良和掩术。白马遵途，苍云沵日。低昂陇路，/惆怅郊廛。百夫怀抱，万里风烟。摧陵为谷，变海成田。英芳实远，茂绪攸传。

根据志文可知，志主杨异家门显赫，出身于弘农杨氏家族，其祖、父均为北周高官。杨异事迹见于《隋书》卷四十六《杨异传》，志传两者所记基本相同，仅略有差异，如《隋书》记载杨异曾任刑部尚书，卒年六十二岁，而志文则记载杨异任工部尚书，卒年六十八岁。墓志记载应较为准确，匡正了文献记载的错误。

志文书法布局平正疏朗、整齐缜密，字迹端妍含古意，结字恭正严谨，字距、行距相等，字形略显扁方，方圆结合，方笔写得严峻厚实，圆笔则表现秀媚挺拔，笔法精劲含蓄，淳雅婉丽。该志文书法上承北魏书体，下开唐朝新风，可称隋代正书作品中的精品，其价值可与隋代《董美人墓志》相提并论。

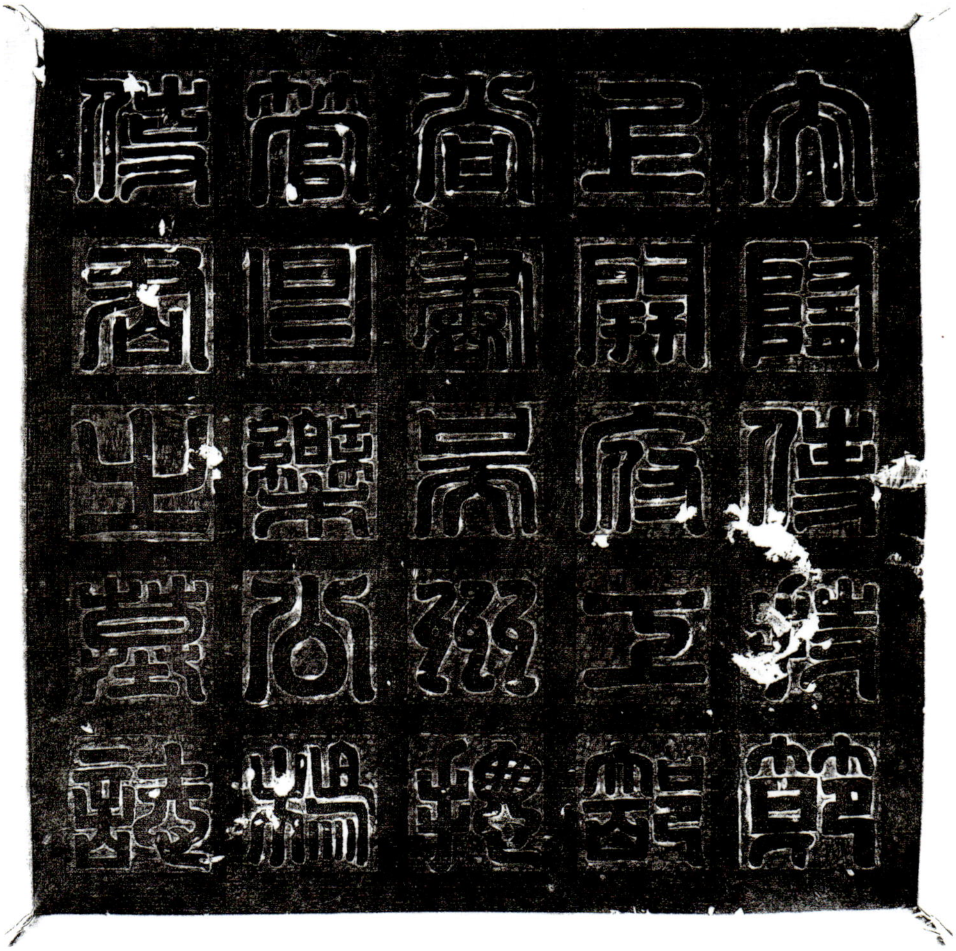

大隋使持節上開府儀同三司工部尚書吳州總管昌樂縣開國公楊使
君墓誌銘并序
公諱异字文殊弘農華陰人也安平入仕與博陸而俱昇太尉匡朝比司
徒而聯世朱輪華袞於是克昌鍾磬管絃由茲無絕祖鈞司空文恭公慈
德樹聲光槐變鼎父儉金紫光祿大夫夏陽莊公重道崇儒含仁履義公
㮣建之器無待琢磨廊廟之材自天生德一遺云基東岳之功可想六翮
將奮南溟之志在焉是以孤竹流音子野以之清聽燋桐在爨伯階由斯
倒屣故得聲高咸洛譽重京華三輔捐其風猷五陵資其牆刃歷官輔國
將軍中散大夫車騎將軍寧都太守遷驃騎將軍右光祿大夫尋以本官
為左旅大夫封昌樂縣開國公食邑一千戶既而納禁將登謳歌有集公
以宗臣爰忝揖讓開皇元年為宗正少卿二年為益州總管府長史蕃后
蜀王以明德茂親廣淵齊聖初裁美錦公實首僚若乃莊蹻未窺陳氷不
屆國以屈膝來王連衿請職尋除西南道兵部尚書又為宗正少卿除工
部尚書仲英純騫再入禁徽子通諷議頻腰蒼玉十二年出總管吳泉括
婺四州諸軍事吳州刺史童趍美稷惠漸淮陽俗康教義民懽樂土廿年
九月廿七日薨于州鎮春秋六十有八以仁壽元年歲次辛酉十月辛亥
朔廿三日癸酉歸葬于舊縣華陰東原之塋謚曰 公禮也公宏才博贍
傑氣高標道蘊榮華神凝玄牢纓褐不殊其操寵辱未槩其心青雲與翠
蓋同歸睎月與英情共遠夫人穆氏匹惟秦晉姆範承徽公宮立德魚軒
從政霜露先從翟服孤泛松龕獨掩粵以其日合葬于郊日月逾邁陵谷
貿遷嗟金石之非永懼蘊德於遐年爰戢庸音乃為銘曰
在鎬分源臨河建國仍世秉靈實天生德爰遣四知乃懲三惑褒譽風舉
王猷淵塞亦既挺生萬此家聲光參十乘價重百城入紆文組出曳長纓
仁隨事積德與時盈景宿潛輝良和掩術白馬遵途蒼雲沂日伍昂隴路
惆悵郊埏百夫懷抱万里風烟摧陵為谷變海成田英芳實遠茂緒攸傳

卢正容墓志并盖

◆◆ 唐开元十九年（731年）

◆◆ 盖高66.5厘米，宽65厘米；志高65.5厘米，宽65.5厘米，厚12.5厘米

◆◆ 2001年9月征集

◈ 青石质，由墓志和志盖组合而成。志盖为覆斗形，四斜刹阴线刻缠枝花纹，顶刻篆书3行9字。志石四侧面线刻缠枝花卉及奔鹿图案。志文正书31行，满行31字，有方界格。志文由志主之侄卢绚撰写，其子卢践微书丹。

志盖：

大唐故/卢府君/墓志铭

志文：

大唐故朝议郎、行润州司户参军事、范阳卢府君墓志铭并序/

君讳正容，字休昭，范阳涿人也。烈山之启夫宗胄，营丘之贻厥宴翼。俾绵绵如瓞，/福流千载；猗猗若兰，荣冠百氏。洎尚书汉室而寅亮紬统，中郎晋庭而文章增饰。/其后则连衡而叠轨，不乏贤而济美。衣冠礼乐，尽在是矣。曾王父昌衡，随金州刺/史。大父宝素，随晋州别驾。父志安，皇朝相州邺县、郑州荥泽二县令，雍州万年县/丞。积德累仁，纂戎垂裕，布在邦族，人到于今宗之。君即万年府君之少子也。粹精/潜降，戬庆昭复。伟度崇质，蕴真保和。是用居家以理闻，形国以用进。起家调补曹/州参军事，寻授润州司户参军。参卿优优，自济之南以誉洽；议曹藉藉，涉江而东/以绩宣。允光筮仕，斯焉为得。及润州满岁，言旋洛师。宛其旧居，式宴慰矣。昔君始/孩也，藐焉而孤。有昆弟四人，哀哀孺慕。吟《蓼莪》以视息，咏《鹡鸰》之急难。乃相率有/成，克荷以立。噫！元昆始尉于西蜀，而早世不造；仲兄次掾乎北京，而中年见背。咸/德茂才秀，华而不实。悲夫！第三兄讳正言，历官中外，当朝謇

跃。问望攸先，家国所/贵。自太子家令，迁监门将军。声名之重，文武不坠。逮君之归也，唯其友于，花萼联/辉，形影相吊。穆孙子以义方锡美，衎门庭以礼问和乐。是将福履所绥，寿考其颐，/齐龟鹤与金石，比兰馨及菊滋。岂复人必中废，天无慭遗乎！不图鞠凶，倏而为恙。/遍药祷无降，积时月大渐。以长安四年正月十一日，奄捐馆舍于河南行修里第，/春秋五十有一。夫人陇西李氏，太子庶子上义之长女也。嫔于君子，如瑟琴之和；/字夫诸孤，得芝兰之秀。柔仪慈训，炳然而明矣。享年六十有七，以开元十九年七/月十七日，即化于府君之旧寝。以其年十月廿七日，合葬于河南万安山南址，/礼也。君纯固至行，缉熙昭业。笃信释氏，同室以禅寂熏修；精习孔门，良冶以经明/传授。夫夫妇妇，父父子子。其在家必达也如是，岂在邦而谓无闻焉？位不充量，善/而无寿，命也。有子七人。六子以明经擢第。雁行之季者，亦业就而丁艰焉。五子则/从班例也，岂不韡韡而扬名之庆欤！并泣血在疚，茹荼衔恤。诉天地而靡赎，迟松/楸以永怀。礼全饰终，刊此不朽。铭曰：/

周之功齐荒于东，汉之德燕封于北，国有贤臣兮。承乎家钟鼎联华，命乎世礼乐/垂裔，代有哲人兮。昭复诞庆，惟君之令，含光日新兮。发挥修业，惟君之法，保和天/真兮。和凤斯久，瑟琴以友，家室如宾兮。赠鲤斯德，负荷以克，珠玉为珍兮。在家而/理，在邦而仕，扬名于亲兮。齐体比誉，同穴合祔，饰终于身兮。楚挽风急，虞轩露湿，/萧萧四邻兮。万安前向，三河却望，永永千春兮。/

犹子朝议大夫行中书舍人绚撰，/犹子前晋州司士参军事践微书。嗣子均芳、次子光懿、次子光远、次子光裕、次子待进、次子光俗。

志主卢正容史书无传，据志文记载，其出身于范阳卢氏家族。《新唐书·宰相世系表》记载，卢正容的曾王父昌衡为隋太子左庶子，父安志为万年丞，与志文一致，但志文中正容父为志安，《新唐书》中为安志，应以志文为准。此方墓志的发现弥补了史料记载的不足，完善了范阳卢氏家族的世系，十分珍贵。

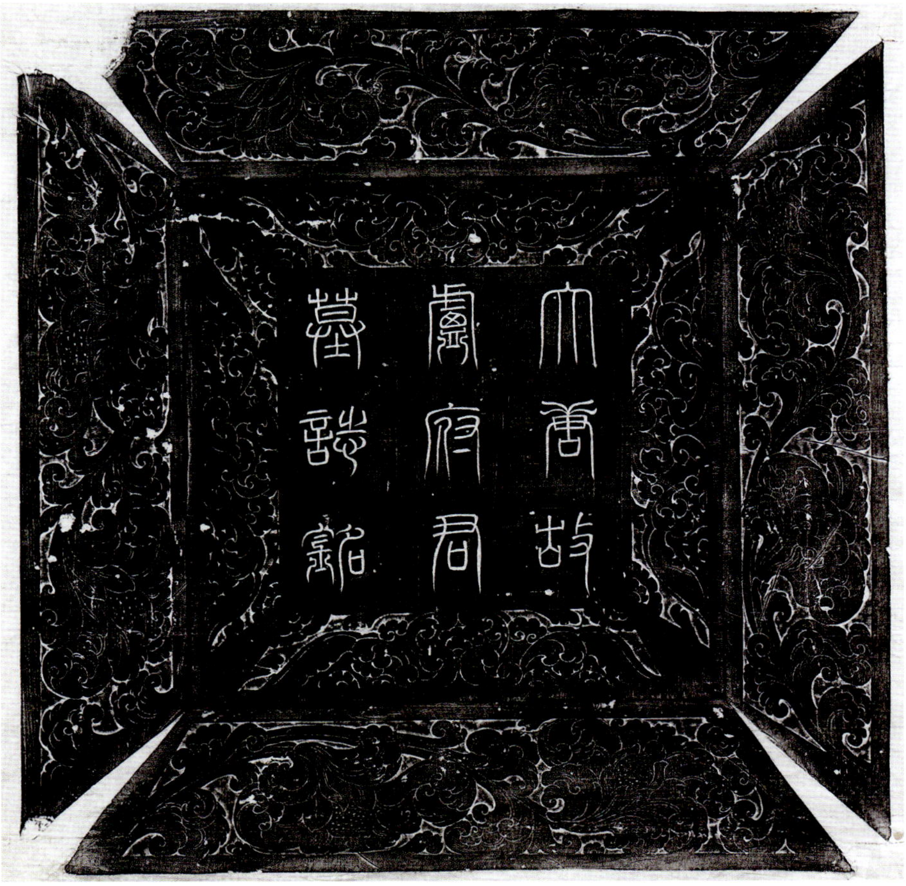
大唐故
盧府君
墓誌銘

大唐故朝議郎行潤州司戶參軍事范陽盧府君墓誌銘并序

卢正容墓线刻墓门

◆◆ 唐开元十九年（731年）

◆◆ 通高约180厘米，最宽121厘米，厚12厘米

◆◆ 2001年9月征集

◈ 青石质。该墓门与墓志同时出土，由门额一、门楣一、门扇二、门柱二、门槛一等7个部件组成。其上雕刻的瑞兽、花卉、人物、鸟禽分别采用阴线浅刻和减地平雕的手法制作而成，形象逼真写实。

门额呈半圆形，高45厘米，宽95厘米，厚10厘米，一角稍残，上减地线刻两只展翅欲飞的朱雀（或为凤凰），上下空白处刻有莲花等花卉图案。门楣长121.5厘米，宽21.8厘米，厚12厘米，上线刻虎（右）、兔（左）及缠枝海石榴。门共有两扇，每门上下各有一榫头。左门高101厘米，宽43.2厘米，厚7.7厘米，上线刻一瘦削高颧捧笏老者。右门高101.5厘米，宽43.5厘米，厚8.4厘米，上线刻一脸颊丰腴捧盒者。门上两侍者相对侍立，神情严肃。两扇门上各有一穿，穿环已锈蚀无存。左右两个门柱大小相同，高94厘米，宽15厘米，厚12厘米，上线刻对称鸿雁缠枝海石榴。门槛长77.2厘米，宽14.6厘米，厚9.3厘米，上线刻缠枝海石榴。该墓门与1981年在河南洛阳龙门唐代安菩夫妇墓出土的墓门构件相似。

卢正容墓门石刻整体画面线条准确、自然、流畅，人物、鸟兽、花卉雕刻生动逼真，反映了唐代石雕线刻艺术的水平和成就。

石武士俑

- 金代（1115年—1234年）
- 高270厘米，座长88.5厘米、宽65.5厘米
- 2008年10月征集

◈ 石质。武士站立于一方形石座之上，头戴兜鍪，顿项披于后肩，鍪两侧装饰有小凤翅形护耳。怒目圆睁，蒜头大鼻，口微启。身穿圆领宽袖长袍，外罩裲裆甲，腰束革带，腰间挂一钢鞭，双手拱于胸前。武士俑一般用于镇邪、驱鬼、守卫主人，其造型多夸张严肃。该石武士俑身材魁梧，四肢粗壮，瞪着的双眼和倒立的双眉露出一股威严的气势。

雕砖

力士雕砖（2件）

◆◆ 宋代（960年—1279年）

◆◆ 左：长31.5厘米，宽17厘米，厚5厘米

右：长32厘米，宽17厘米，厚5.3厘米

◆◆ 2012年1月征集

◈ 泥质灰陶胎，模、剔、刻制成型。体呈长方形，表面各高浮雕一力士。力士圆脸，粗眉大眼，身材魁梧，袒胸露乳，下身穿长裤。左侧力士卷发披散于肩上，双腿微屈，双臂下垂。右侧力士短发，腰扎宽带，双手上举，双腿下蹲，呈负重状。

飞天雕砖（2件）

◆ 宋代（960年—1279年）

◆ 上：长31.2厘米，宽17厘米，厚5.2厘米

下：长31.2厘米，宽17厘米，厚5.2厘米

◆ 2012年1月征集

◈ 泥质灰陶胎，模、剔、刻制成型。体呈长方形，表面各高浮雕一飞天。飞天头戴冠，上身裸露，臂缠飘带，下身着长裙，手托仙桃、莲花，脚踏祥云，作横向飞行状。飞天为佛教中的艺术形象，他们善于奏乐舞蹈，每当讲经之时，便凌空飞舞，奏乐散花，奉宝供果，为佛界增添祥瑞欢快之气。飞天雕砖多被砌于墓葬的门额、龛额等位置，为墓室营造出仙界的气氛，也寄托了希望逝者仙福永享的心愿。

鱼纹雕砖

- 宋代（960年—1279年）
- 长32.5厘米，宽17.5厘米，厚5.5厘米
- 2012年1月征集

◈ 泥质灰陶胎，模、剔、刻制成型。体呈长方形，表面高浮雕一鱼。鱼昂首翘尾，身侧有双鳍，身下水波翻滚，表现出其在浪中翻滚腾跃的姿态，气韵生动。鱼图腾在中国传统文化中有着重要的地位，它既是子孙繁盛的象征，也有仕途得意、飞黄腾达的美好寓意，是宋代常见的装饰性纹样。

凤纹雕砖（2件）

◆◆ 宋代（960年—1279年）

◆◆ 上：长31厘米，宽17厘米，厚5.5厘米

下：长31.9厘米，宽17.3厘米，厚5.5厘米

◆◆ 2012年1月征集

◈ 泥质灰陶胎，模、剔、刻制成型。体呈长方形，表面各高浮雕一凤鸟。凤鸟头上扬，双翼张开，作展翅飞翔状，凤羽刻画细致。凤为传说中的百鸟之王，《宋书·符瑞志》载："（凤凰）食有节，饮有仪，往有文，来有嘉，游必择地，饮不妄下。……唯凤皇为能究万物，通天祉，象百状，达王道，率五音，成九德，备文武，正下国。"可见在宋人眼中，凤拥有崇高的地位。将象征吉祥的凤鸟装饰于墓室之中，是希望逝者可以仙福永享，福寿绵长。

瑞鹿衔草雕砖（2件）

◆◆ 宋代（960年—1279年）

◆◆ 上：长31.5厘米，宽17.2厘米，厚5.3厘米

下：长31.9厘米，宽17.2厘米，厚5.5厘米

◆◆ 2012年1月征集

◈ 泥质灰陶胎，模、剔、刻制成型。体呈长方形，表面各高浮雕一鹿。瑞鹿呈站姿，头顶鹿角，目视前方，口衔仙草，鹿身两侧刻画草木，整体线条练达、流畅。鹿性情温顺，体态轻盈，自古就被认为是一种瑞兽，《宋书·符瑞志》曰："天鹿者，纯灵之兽也。五色光耀洞明，王者道备则至。"鹿口中衔有仙草，有长生不老的寓意，体现出宋人对永恒生命的渴求。

执钺武士雕砖（2件）

◆◆ 宋代（960年—1279年）

◆◆ 左：高62.5厘米，宽31厘米，厚5厘米

右：高63.5厘米，宽31厘米，厚5厘米

◆◆ 2012年1月征集

◈ 泥质灰陶胎，模、剔、刻制成型。体呈长方形，两砖面各高浮雕一武士，左右相对，均为站姿。武士身材魁梧，怒目圆睁，面目威武。头戴兜鍪，鍪顶装饰有红缨，两侧有凤翅装饰。肩披巾，巾角系于胸前。身穿铠甲，臂穿护膊，腰系绦带，绦带飘至脚部。下身着甲裙，脚蹬靴，手中各持一柄长钺，着装华丽，威风凛凛。这两件雕砖应为墓葬中的门吏武士，多位于墓门左右，起到镇墓守门的作用。这种门吏武士在河南地区宋墓中发现不多，在山西、川贵地区十分流行。

羊衔草雕砖

◆◆ 宋代（960年—1279年）

◆◆ 长58.6厘米，宽16.2厘米，厚5厘米

◆◆ 2012年12月征集

◈ 泥质灰陶胎，模、剔、刻制成型。体呈长方形，表面高浮雕两只羊，二羊相对，口中均衔有花草，四蹄作腾跃姿态，花草上有红色彩绘。羊为我国“六畜”之一，性情温和，加之“羊”与“祥”字相通，因此羊的形象在古代一直是吉祥的象征。将羊的形象塑于墓葬雕砖之上，是为墓主及后世家人祝祷吉祥富贵思想的表现。

跃虎雕砖

◆◆ 宋代（960年—1279年）

◆◆ 长44.9厘米，宽16.2厘米，厚4.6厘米

◆◆ 2012年12月征集

◈ 泥质灰陶胎，模、剔、刻制成型。体呈长方形，表面高浮雕一跃虎。虎昂首张口，四肢腾跃于祥云之上，虎尾似钢鞭向上翘起，虎躯上以浅刻画表现斑纹。《风俗通义·祀典》载：“虎者，阳物，百兽之长也，能执搏挫锐，噬食鬼魅。”在中国传统文化中，虎是勇猛、威严、避凶趋吉的象征，其艺术形象一直占据着非常重要的地位。将虎纹装饰于墓葬之中，寄托了古人驱逐邪祟、保佑墓主亡灵的心愿。

狮子滚绣球雕砖

◆◆ 宋代（960年—1279年）

◆◆ 长45.2厘米，宽16.3厘米，厚4.5厘米

◆◆ 2012年12月征集

◈ 泥质灰陶胎，模、剔、刻制成型。体呈长方形，表面高浮雕一狮子。狮子四肢跃起，狮尾高翘，回头张望，口中衔一绶带，绶带中央有一圆形绣球。绶带及绣球上施有红彩。狮子滚绣球图案是中国传统吉祥图案，狮子在古代神话中是文殊菩萨的坐骑，是驱邪的象征，绣球有着吉祥、好事连连的寓意。狮子滚绣球图案包含着希冀消除灾难邪恶、盼望好事来临的美好寓意。

神兽雕砖

◆◆ 宋代（960年—1279年）

◆◆ 长58厘米，宽16.3厘米，厚4.8厘米

◆◆ 2012年12月征集

◈ 泥质灰陶胎，模、剔、刻制成型。体呈长方形，表面高浮雕两只神兽，神兽面面相对。左侧神兽身侧有双翼，蹄似牛马，昂首迈步，作腾空跃起之势，足下踏两朵祥云，身后有马尾，似为古代神话传说中的天马。右侧神兽头上有独角，蹄似牛，身后有长尾，似为古代神话传说中的獬豸。

狮象雕砖

◆◆ 宋代（960年—1279年）

◆◆ 长58厘米，宽16.2厘米，厚4厘米

◆◆ 2012年12月征集

◈ 泥质灰陶胎，模、剔、刻制成型。体呈长方形，表面高浮雕一狮一象，二者相对。左侧为象，象长鼻下垂，身躯肥壮，四肢作奔跑状，象尾亦下垂。右侧为狮，口微张，尾上翘，四肢跃起作奔跑状。狮子在中国古代为祥瑞之兆，象征权力与威严，因此人们认为狮子威猛的气势可以驱邪纳吉，镇守陵墓，而“象”音与“祥”相近，故而象有吉祥如意的寓意。将狮与象的形象塑于墓葬中的雕砖之上，不仅能够装饰墓室，也寄托了人们为墓主祈福的情思。

缠枝花卉雕砖

◆◆ 宋代（960年—1279年）

◆◆ 长58厘米，宽17.5厘米，厚4.3厘米

◆◆ 2012年12月征集

◈ 泥质灰陶胎，模、剔、刻制成型。体呈长方形，表面高浮雕缠枝花卉纹饰。宋代各种植物图案雕砖常见于墓葬之中，除有点缀墓室的功能外，还蕴含着花开富贵的美好寓意，寄托了生者希望死者拥有幸福生活的心愿。

备宴雕砖

◆◆ 宋代（960年—1279年）

◆◆ 长48.8厘米，宽44.2厘米，厚4.1厘米

◆◆ 2012年12月征集

◈ 泥质灰陶胎，模、剔、刻制成型。体呈长方形，表面高浮雕备宴画面。左侧站立一男侍者，头戴帽，身穿圆领长袍，腰系带，双臂前伸作端物状。右侧站立一侍女，头梳双髻，亦穿圆领长袍，腰系带，手持一瓶。二人中间浮雕一张桌子，桌上有碗、盘、汤匙及食物。备宴画面是宋墓雕砖中较为常见的题材，体现了古人“事死如事生”的思想观念。

人物雕砖

◆◆ 宋代（960年—1279年）

◆◆ 长49.5厘米，宽45厘米，厚4.5厘米

◆◆ 2012年12月征集

◈ 泥质灰陶胎，模、剔、刻制成型。体呈长方形，表面高浮雕人物形象。左侧站立一男子，头包巾，身穿圆领长袍，腰系带，其左右两侧各站立一男童，男童垂髫，身穿圆领长袍，双手亲昵地拉扯着男子手臂。右侧站立一女性，头顶梳髻，身穿长裙，外罩褙子，怀中抱一婴儿，其右侧有一穿对襟长衫的女童，女童拉拽着女子衣襟，女子低头怜爱地看着女童。这块雕砖生动形象地刻画了一家六口的形象，孩子娇怜，父母慈爱，充满了世俗生活气息。

杂剧雕砖

◆◆ 宋代（960年—1279年）

◆◆ 长49厘米，宽44.5厘米，厚4.2厘米

◆◆ 2012年12月征集

◈ 泥质灰陶胎，模、剔、刻制成型。体呈长方形，表面高浮雕杂剧表演画面。画面中共有三男子：左侧男子圆胖脸，头戴幞头，面堆笑容，身穿交领长袍，脚穿靴，双手置于胸前；中间男子头戴幞头簪花，身穿华丽戏衣，肩披帔，双臂左摆作舞蹈状；右侧男子头戴高帽，身穿圆领长袍，双手持棍状物。

人物雕砖

◆◆ 宋代（960年—1279年）

◆◆ 长49厘米，宽45.4厘米，厚4.8厘米

◆◆ 2012年12月征集

◈ 泥质灰陶胎，模、剔、刻制成型。体呈长方形，表面高浮雕墓主一家形象。后方置一带屏风之榻，榻上端坐一男二女，前方置一案。男子坐于正中，身穿圆领长袍，二女子分别坐于男子左右，装扮相似，均头顶梳髻，身穿褙子，三人皆双手袖于案上。案上置有果碟、杯盏等物。在雕砖上刻画墓主及家人的形象，这种题材在宋墓中比较常见。

服饰

红绸地彩绣花卉纹马面裙

◆◆ 民国时期（1912年—1949年）

◆◆ 长96厘米，腰宽55厘米，下摆宽93厘米

◆◆ 2015年6月征集

◈ 该马面裙以红色暗花绸为面料，裙门、裙摆均镶粉地绦带，以粉色绦纹栏杆代替裙褶，裙门下部满地彩孔雀牡丹纹样，裙摆散点绣小折枝花卉纹，裙腰为粉红色带小碎花棉布，并钉有扣襻。

蓝地绣花流苏绸围裙

◆◆ 民国时期（1912年—1949年）

◆◆ 长97厘米，腰宽57.5厘米，下摆宽74厘米

◆◆ 2015年6月征集

◇ 该裙以蓝色暗花绸为面料，裙门、裙摆镶带花纹黄色绦带，以黄色绦纹栏杆代替裙褶，裙门上绣牡丹金鱼并带有流苏，裙摆散点绣小折枝花卉纹，裙摆下部镶有流苏。裙腰为粉红色棉布，并钉有扣襻。这种样式的裙子是民国时期妇女常见的款式，牡丹配金鱼寓意富贵有余。

蓝地补花绸上衣

◆◆ 民国时期（1912年—1949年）

◆◆ 长95厘米，两袖通长139.5厘米，胸围长61厘米，袖口宽34厘米，下摆宽86厘米

◆◆ 2015年6月征集

◈ 该绸上衣以蓝色暗花缎为主要面料，立领右衽斜襟，衣身平直宽大，领襟及衣摆下端前后镶有黑色绸布贴边及万字机织二方连续纹样花边，袖缘镶白色印花缎宽边，其上绣有对称的花鸟、蝴蝶等纹样，十分精美。这种样式的衣服是民国时期妇女常见的服装款式。

红地牡丹鸳鸯流苏绸围裙

◆◆ 民国时期（1912年—1949年）

◆◆ 长97厘米，腰宽71厘米，下摆宽85厘米

◆◆ 2015年6月征集

◈ 该裙以红色暗花绸为面料，裙门、裙摆镶带粉花纹白色绦带，以白色绦纹栏杆代替裙褶，裙门上绣牡丹鸳鸯图案并带有白色流苏，裙摆散点绣小折枝花卉纹，裙摆下部镶有白色流苏。裙腰为粉红色棉布，并钉有扣襻。这种样式的裙子是民国时期妇女常见的款式，牡丹配鸳鸯寓意百年好合，富贵吉祥。

绿地缎面绣花鞋

◆◆ 民国时期（1912年—1949年）

◆◆ 长22.4厘米，宽8.7厘米

◆◆ 2015年6月征集

◇ 此绣花鞋鞋面为绿色缎面，里衬花布里，底布衬红白竖纹棉布里。绿缎鞋面上各绣牡丹花卉纹及一“囍”字，牡丹花有富贵圆满的寓意，多为年轻女子所喜爱。鞋口镶蓝色布边，鞋底是布底。该鞋应为婚鞋，鞋上绣“囍”字图案象征男女欢喜，家庭美满。

蓝地三寸金莲绣花鞋

◆◆ 民国时期（1912年—1949年）

◆◆ 长17.7厘米，宽5.8厘米

◆◆ 2015年6月征集

◈ 此绣花鞋为平底，鞋面为蓝色绒布面，里衬花布，鞋前端绣有莲花，黑绒布鞋口，麻布底。鞋面绣有花卉。莲花出淤泥而不染，给人以超凡脱俗的感觉，鞋上绣莲花寓意女子步步生莲，清新脱俗。

红地绣花虎头帽

- 民国时期（1912年—1949年）
- 长45厘米，宽42厘米
- 2015年6月征集

◈ 该虎头帽布料采用红色绸缎，花布里，头上缀有两个红色耳朵，绣浓黑眉毛，眼睛又圆又大，鼻子上绣有蝴蝶和金鱼，面颊上有两撮胡须，口部绣有一排白牙齿，伸出粉红色的舌头，面貌凶猛有气势。小孩子戴上颜色鲜艳的虎头帽，有吓唬妖魔鬼怪的作用，寄托了大人对孩子的关心和爱护，以及祈求孩子平安健康的心愿。

红地“满堂瑞福”寿星图绸绣品

◆◆ 民国时期（1912年—1949年）

◆◆ 长101厘米，宽93厘米

◆◆ 2015年6月征集

◈ 该绣品分为两层，第一层为粉红色棉布并钉有扣襻。第二层在黄色布上用金线绣出“满堂瑞福”篆体字，下部红绸缎上绣有五个寿星围观一幅八卦图图案，并有金线绣的祥云纹，周围在蓝绸边上绣有多个“寿”字纹样。此绣品适合用于长辈和家人的祝寿，充满了幸福祥和的氛围。

纸质、影像文物

托马斯·阿罗姆的中国题材铜版画

- 1843年
- 长19厘米，宽12厘米
- 2014年6月征集

◈ 这是1843年托马斯·阿罗姆创作的中国题材铜版画。托马斯·阿罗姆是19世纪英国皇家建筑师协会的创建人，他一生从没有到过中国。该铜版画为其根据马戛尔尼率领的英国使团1793年首次访问中国时的随团画师威廉·亚历山大的画稿刻绘的一百二十余幅著名的19世纪中国世态风情版画中的一幅。托马斯·阿罗姆刻绘的中国世态风情版画是西方最早、最有名的关于中国历史的图画本教科书。

威廉·桑德斯摄《小吃担与货郎》蛋白照片

◆◆ 19世纪70年代

◆◆ 长25.6厘米，宽21.4厘米

◆◆ 2013年3月征集

◈ 蛋白照片是用蛋清混合感光剂涂抹在纸基上制作成相纸而印制的照片，由于感光度低，蛋白照片无法以底片放大，是从底片上直接晒印的，照片尺寸和底版大小完全相同。蛋白照片一般呈棕褐暖色，影像层次的丰富性与硬版照片相比大大增加。

这张照片是19世纪70年代英国著名摄影家威廉·桑德斯所拍摄的黑白民俗蛋白老照片。照片中一名货郎挑着货摊，旁边是两个穿着棉衣的贫民。威廉·桑德斯于1862年至1887年在上海开设森泰照相馆，拍摄的内容和题材众多，包括官员出行、罪犯行刑等新闻时事和社会风俗照片，并会依据中国传统的文化习俗，设计场景，雇用模特，摆拍照片，如法堂、轿夫、马车、囚犯、吸食鸦片等。威廉·桑德斯拍摄的照片多刊于《远东》《伦敦新闻画报》等杂志上，是“中国最早的插图摄影师”。

大清炮队蛋白照片

◆◆ 清代（1616年—1911年）

◆◆ 长27.8厘米，宽22.7厘米

◆◆ 2014年8月征集

◈ 这是一张清代拍摄的关于火炮队的黑白蛋白照片。照片里的三名火炮队员正在看着一门可移动的火炮，后面是堆成小山的炮弹。清代火炮以材质分，有铸铜炮和铸铁炮。清前期以铸铜炮为多，后期多为铸铁炮。此外，还有少量的铁心铜体炮、铜心木镶炮。其中铸铜炮多铸造精美，保存完好，具有较高的文物价值。以重量分，有重炮和轻炮。以形制分，有前装炮和后装炮，前装炮又分为红衣炮型和冲天炮型，后装炮主要是子母炮型。清代火炮多有铭文，常铭炮名、年款、监造官员、工匠、重量等。清代视火炮为神物，常授予火炮各种将军名号，清初时定制于每年秋季在北京卢沟桥举行一次大典，祭祀炮神，并令八旗操演火炮。

山本赞七郎摄《骑驴妇女》蛋白照片

◆◆ 1899年

◆◆ 长24.5厘米，宽18.5厘米

◆◆ 2014年4月征集

◈ 这张照片是1899年由日本著名摄影家山本赞七郎拍摄的黑白民俗蛋白老照片。在这张照片中，一位身穿华服的清代贵族妇女骑在一头毛驴上，后边跟着的是为她赶驴的衣衫褴褛的仆人。山本赞七郎是较早在北京经营照相馆的日本人，其开设的山本照相馆位于北京东安门外霞公府路。山本赞七郎主要为皇室服务，他曾被内务府诏入颐和园为慈禧太后拍照，摄影术自此传入宫禁，成了备受幽居深宫的末代皇后等人欢迎的时髦消遣。他拍摄了大量关于北京古建、风土人情和王室成员的照片。

京汉铁路通车典礼蛋白照片

◆◆ 1906年

◆◆ 长20厘米，宽15.2厘米

◆◆ 2014年3月征集

◈ 这张照片是1906年我国京汉铁路通车时所拍摄的通车典礼的黑白蛋白照片。照片中是一辆停在铁轨上的火车头，周围是修建京汉铁路的工程师和工人们。京汉铁路原称卢汉铁路，由于国民政府时期北京称北平，所以又叫平汉铁路。卢汉铁路是甲午中日战争后清政府自己修筑的第一条铁路。1888年冬，李鸿章奏请修建天津至通州的铁路。1889年，两广总督张之洞向清政府提出先修干线的建议，提出了自己的卢汉铁路计划。为生产卢汉铁路所需要的钢轨，张之洞开始筹办汉阳铁厂等一系列重型工厂。卢汉铁路的卢沟桥至保定段，原已于1897年由清政府按合同规定交比利时公司接办。比利时公司接办后，将南端终点改为汉口玉带门，北端起点改为经北京西便门至正阳门（前门）西车站。1898年年底，南北两端同时开工，1905年11月15日郑州黄河大桥建成，1906年4月1日全线竣工通车，全长1214千米，改称京汉铁路。

黎元洪授予张抚国的武昌起义“首功执照”嘉奖证

◆◆ 1912年

◆◆ 长45厘米，宽50厘米

◆◆ 2011年4月接受捐赠

◈ 该嘉奖证为彩色长方形纸质，左下角有一紫色阳文方印，四周有红、黄、蓝色云朵纹装饰，是1912年中华民国副总统、海陆军大元帅兼鄂省都督黎元洪发给四师八旅十六团二营一等见习张抚国的武昌起义“首功执照”嘉奖证，内容大意是嘉奖在武昌起义收复鄂州、汉口、汉阳的血战中身先士卒的将士。黎元洪（1864—1928），字宋卿，湖北黄陂人，中华民国第一任副总统、第二任大总统。

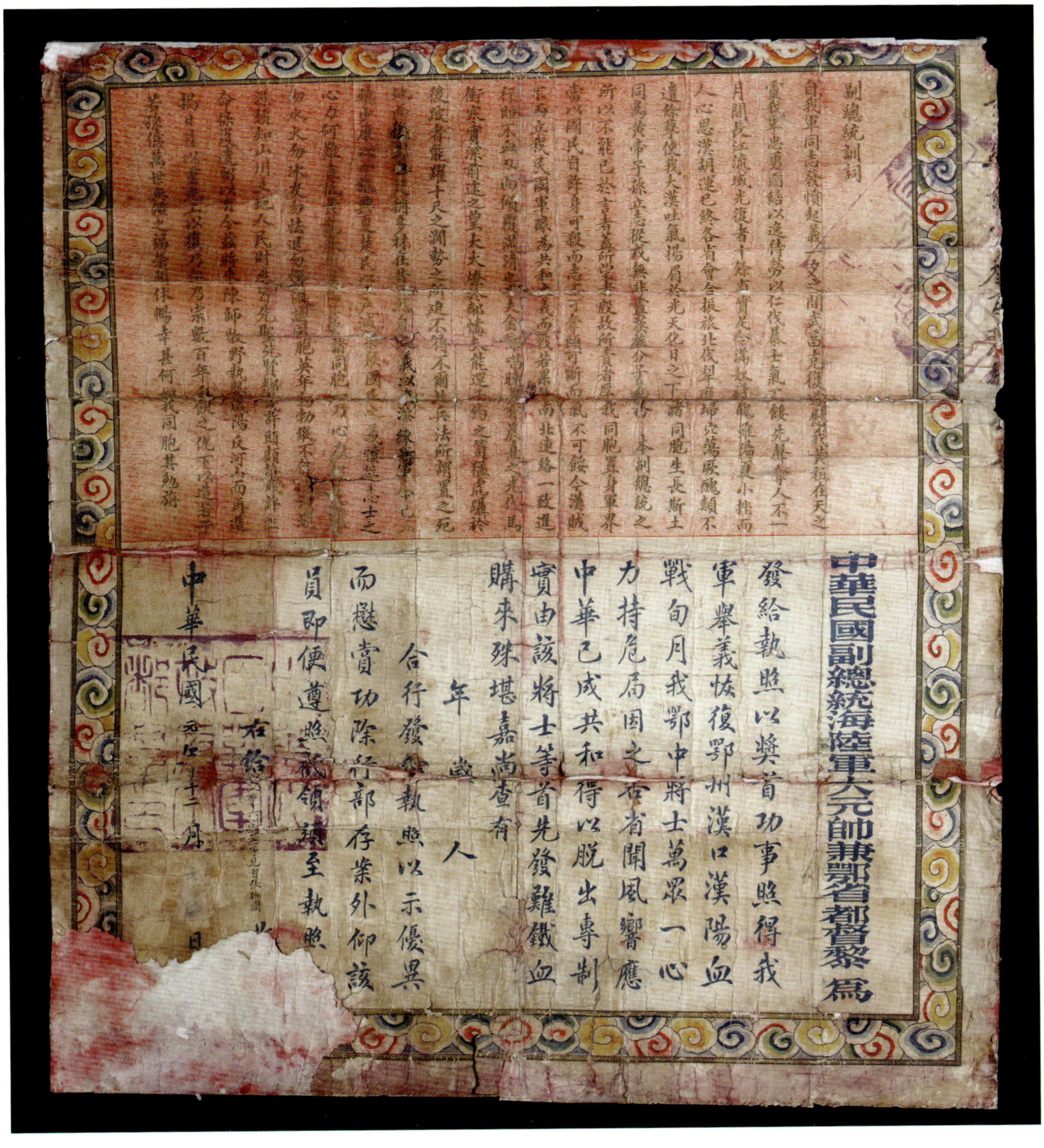

中華民國副總統海陸軍大元帥兼鄂省都督黎 爲
發給執照以獎首功事照得我
軍舉義恢復鄂州漢口漢陽血
戰旬月我鄂中將士萬衆一心
力持危局因之各省聞風響應
中華已成共和得以脫出專制
實由該將士等首先發難鐵血
購來殊堪嘉尚查有
年 歲 人
合行發給執照以示優異
而懸賞功除行部存案外仰該
員即便遵照祗領須至執照
右給
中華民國元年十二月 日

董作宾先生遗稿

◆◆ 民国时期（1912年—1949年）

◆◆ 长31.3厘米，宽17.5厘米

◆◆ 2013年8月征集

◈ 这是董作宾先生关于甲骨文研究的手稿，内容大致是其对一件青铜钺上的铭文中的两个字的见解。董作宾（1895—1963），原名作仁，字彦堂，号平庐，出生于河南南阳，是著名的甲骨学家、古史学家，“甲骨四堂”之一。

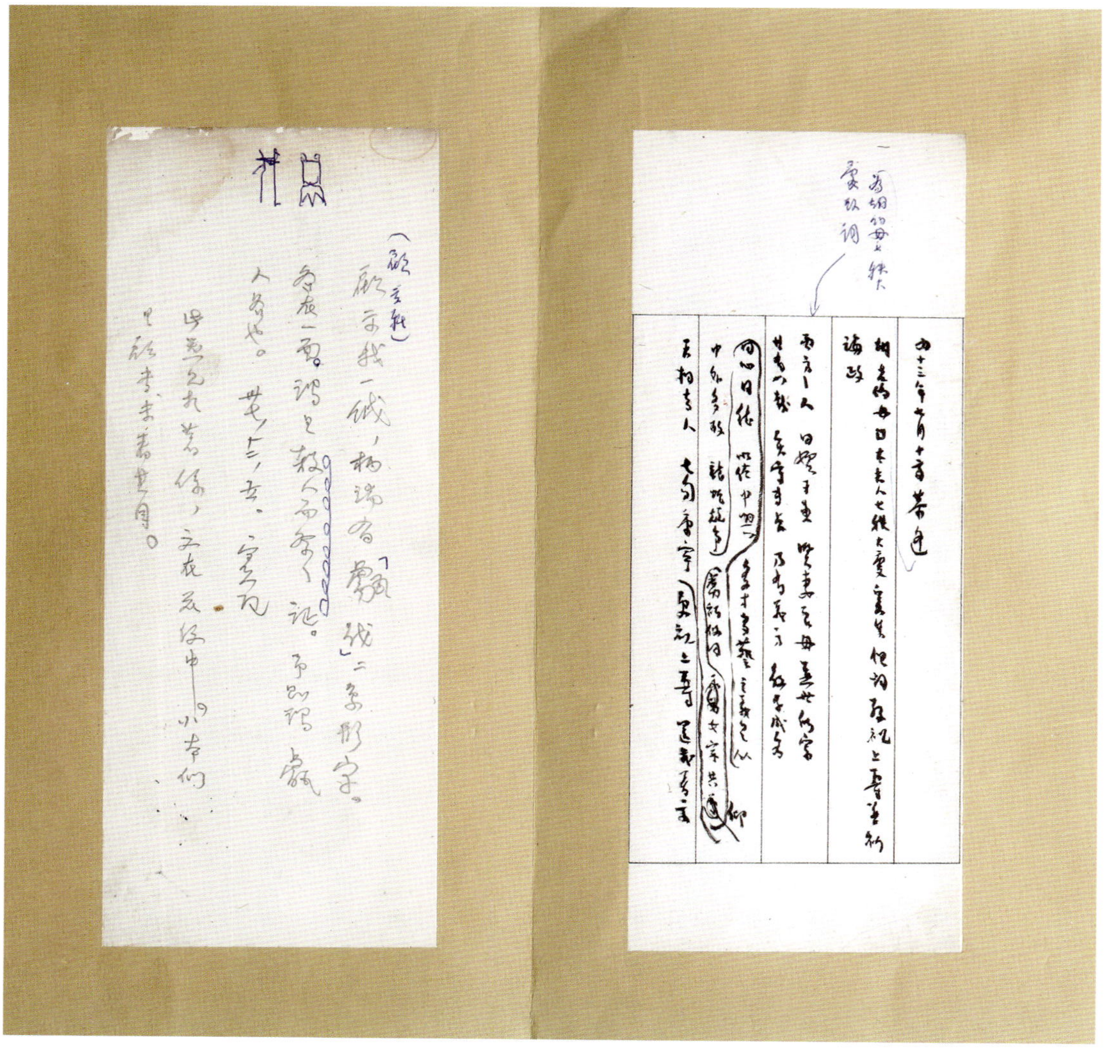

董作宾先生书录敦煌石室《稽古录》

◆◆ 民国时期（1912年—1949年）

◆◆ 长21.6厘米，宽11.5厘米

◆◆ 2013年8月征集

◈ 这是董作宾先生毛笔手书的在敦煌石室发现的《稽古录》的一部分，上面有董作宾签名并钤印，保存完好。《稽古录》，共20卷，为北宋司马光所撰，是《资治通鉴》的姊妹篇，包括《稽古录》《历年图》《国朝百官公卿表大事记》三部分，从周共和元年（前841）始为编年，每年略举大事。《稽古录》实际上是记述自上古至宋英宗朝历史大事的一部简明历史读本。

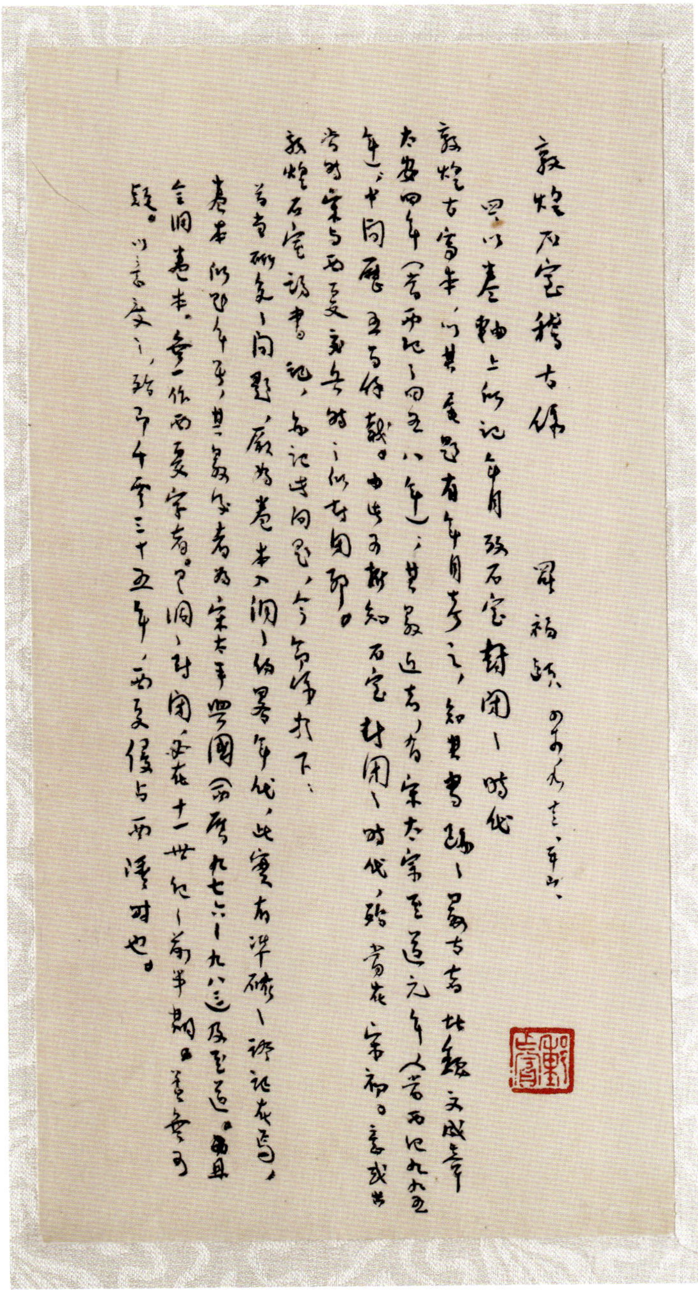

俞剑华著《国画研究》手稿

- 1937年
- 长22厘米，宽30厘米
- 2006年5月接受捐赠

◈ 这是俞剑华先生所著美术史论方面的著作《国画研究》一书1937年手抄版书稿。俞剑华（1895—1979），原名俞琨，曾用名俞德，字剑华，以字行，是我国著名的中国绘画史论家、中国画家、美术教育家。俞剑华先生毕生奉献于中国美术史和中国画论研究，成就卓著，出版有近千万字的美术史论方面的著作，如《中国绘画史》《中国画论类编》等，对推动我国美术史论研究的发展做出了重要的贡献。

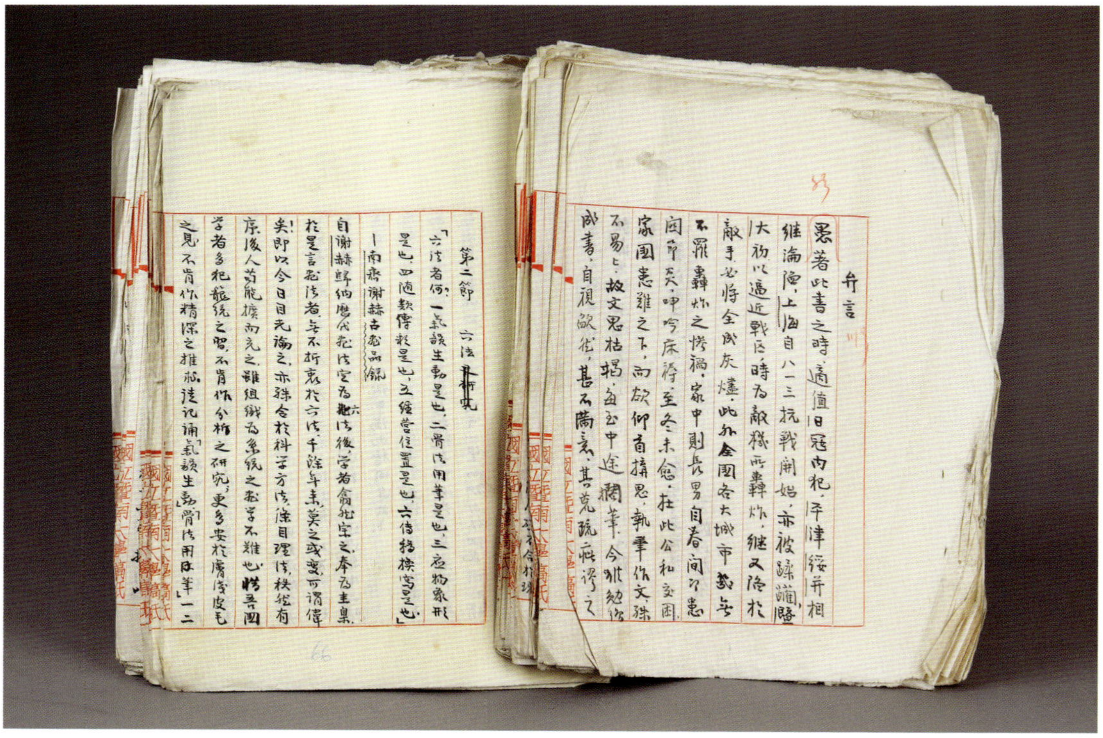

时事社拍摄的河南水灾照片

◆◆ 1938年

◆◆ 长13.6厘米，宽9.3厘米

◆◆ 2013年5月征集

◈ 这是日本时事社拍摄的1938年河南黄河花园口决堤时灾民的照片。照片中数名妇女和儿童衣衫褴褛地坐在破败的房屋前，神情呆滞。1938年6月9日，为阻止日军西进，蒋介石采取“以水代兵”的办法，下令炸开位于河南省郑州市区北郊17千米处的黄河南岸的花园口大堤，造成人为的黄河决堤改道，邵桥、史家堤、汪家堤等23个村庄顿时淹没无存。黄河由此改道南流，历时9年之久，波及豫、皖、苏三省44县（市），共计2.9万平方千米，酿成1200万人受灾、390万人流离失所、几十万人死亡的空前灾难，形成震惊世界的“黄泛区”。

晋冀鲁豫边区政府布告

◆◆ 1943年

◆◆ 长55厘米，宽36厘米

◆◆ 2014年5月征集

◈ 这是晋冀鲁豫边区政府于1943年（民国32年）发布的关于抓紧春季农业生产、争取夏粮丰收的办法的布告。右侧有“晋冀鲁豫边区政府布告边字第二号”字样，左侧有“主席杨秀峰，副主席薄一波、戎伍胜”的落款，日期为“中华民国三十二年三月二十五日”。

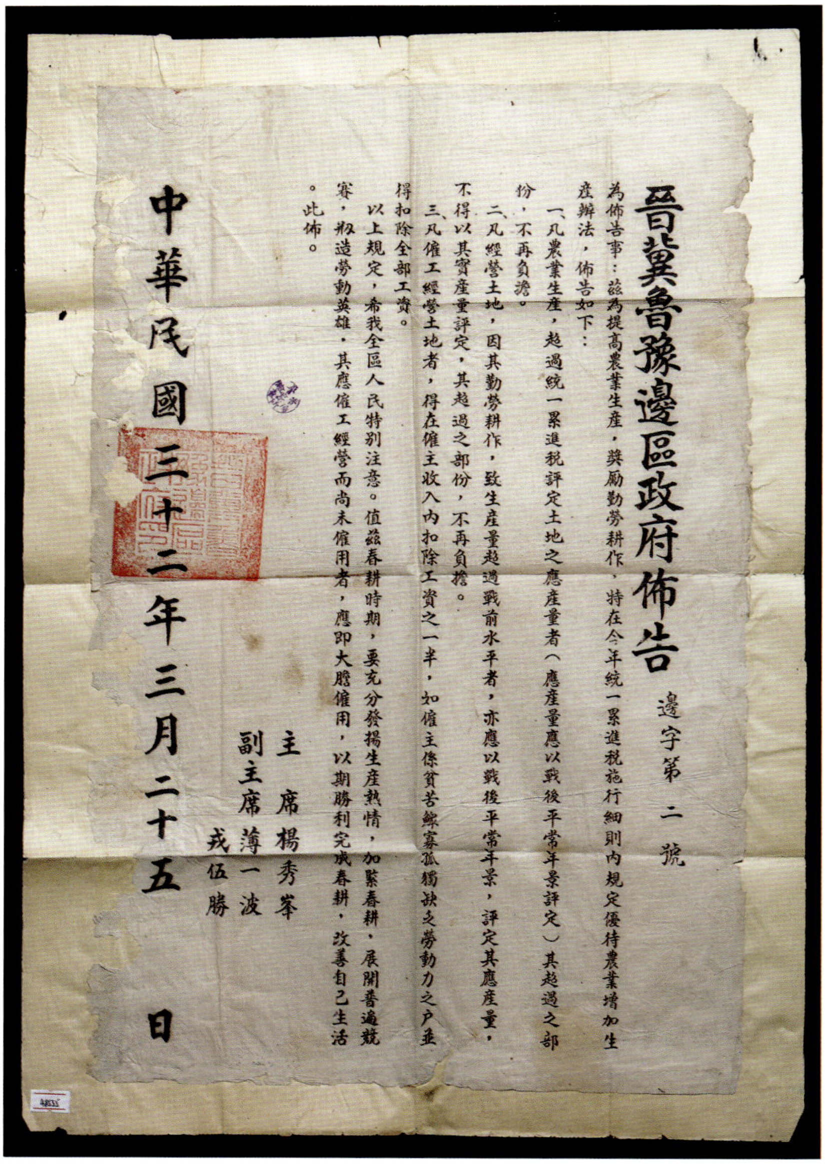

晋冀魯豫邊區政府佈告

邊字第二號

為佈告事：茲為提高農業生產，獎勵勤勞耕作，特在今年統一累進稅施行細則內規定優待農業增加生產辦法，佈告如下：

一、凡農業生產，超過統一累進稅評定土地之應產量者（應產量應以戰後平常年景評定）其超過之部份，不再負擔。

二、凡經營土地，因其勤勞耕作，致生產量超過戰前水平者，亦應以戰後平常年景，評定其應產量，不得以其實產量評定，其超過之部份，不再負擔。

三、凡僱工經營土地者，得在僱主收入內扣除工資之一半，如僱主係貧苦鰥寡孤獨缺乏勞動力之户並得扣除全部工資。

以上規定，希我全區人民特别注意。值茲春耕時期，要充分發揚生產熱情，加緊春耕，展開普遍競賽，栰造勞動英雄，其應僱工經營而尚未僱用者，應即大膽僱用，以期勝利完成春耕，改善自己生活。此佈。

主席 楊秀峯

副主席 薄一波

戎伍勝

中華民國三十二年三月二十五日

陈嘉庚公司产品广告

◆◆ 民国时期（1912年—1949年）

◆◆ 长256厘米，宽165厘米

◆◆ 1996年5月接受捐赠

◈ 这是陈嘉庚公司的产品广告，上面印着公司生产的各种产品的宣传图案。1996年曾在陈嘉庚公司当厨师的苏广勋先生将此广告捐赠给本院收藏。陈嘉庚（1874—1961），著名爱国华侨领袖、企业家、教育家、慈善家、社会活动家，曾任中国人民政治协商会议全国委员会副主席、全国人民代表大会常务委员会委员、中华全国归国华侨联合会主席等职。

曾毅公著《蕴真堂藏器目》手稿

◆◆ 1948年

◆◆ 长21厘米，宽28厘米

◆◆ 2006年5月接受捐赠

◈ 这是曾毅公先生于1948年所著的《蕴真堂藏器目》的手抄版书稿，书稿收录了蕴真堂所藏器物的铭文、纹饰、尺寸等。曾毅公是我国著名金石学家、甲骨文研究专家、敦煌学专家，著述颇丰，有《甲骨地名通检》《甲骨缀存》《甲骨缀合编》《殷虚书契续编校记》《石刻考工录》等。

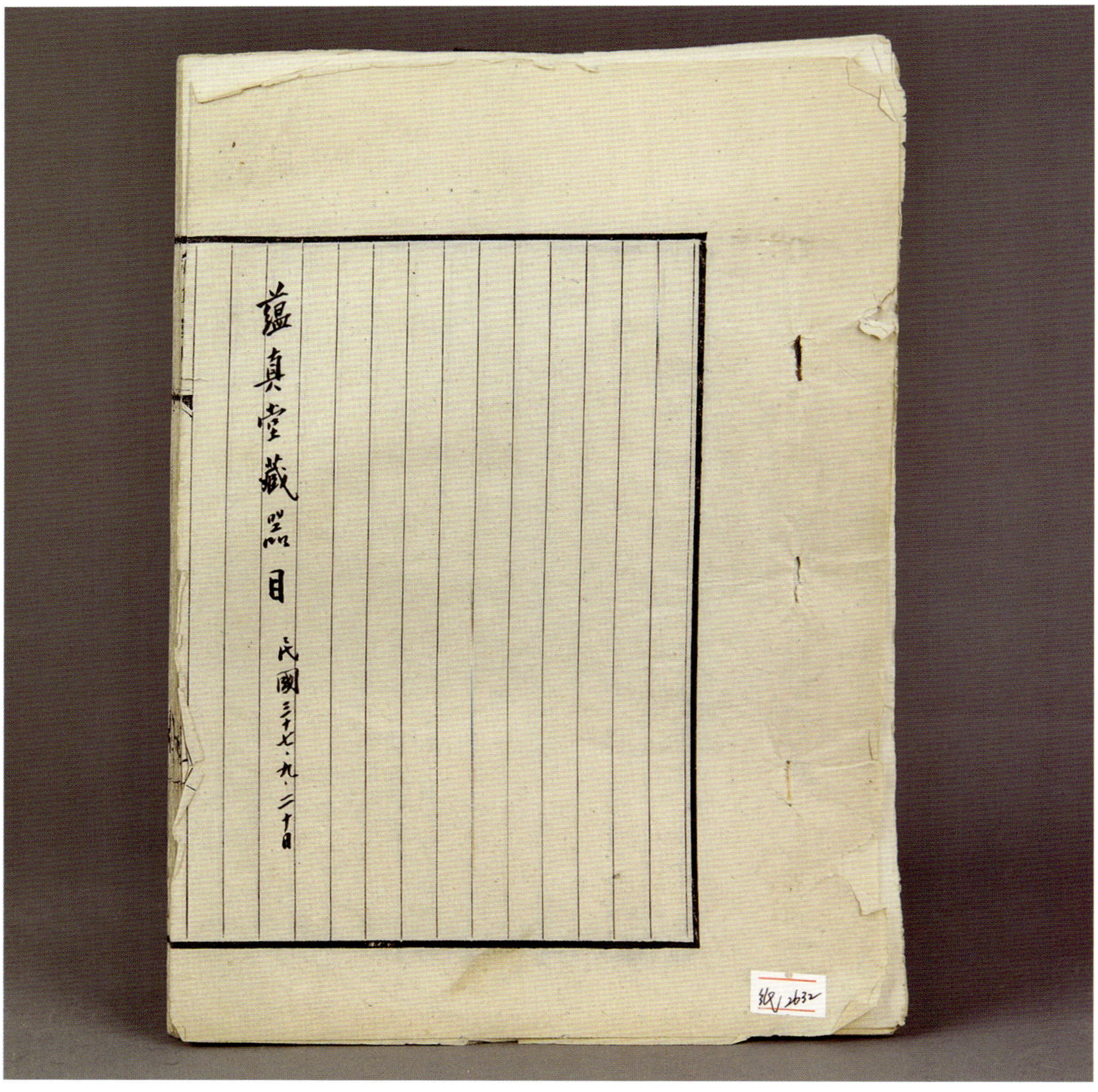

郭沫若写给许顺湛的信

◆◆ 1962年

◆◆ 长19厘米，宽26厘米

◆◆ 2000年6月接受捐赠

◈ 这是1962年郭沫若先生就许顺湛先生所提出的关于中原新石器时代的几个问题而发表自己的观点和想法的回信。郭沫若（1892—1978），幼名文豹，原名开贞，字鼎堂，号尚武，中国新诗的奠基人之一、中国历史剧的开创者之一、古文字学家、考古学家、社会活动家，“甲骨四堂”之一，著有《中国古代社会研究》《甲骨文字研究》等重要学术著作。

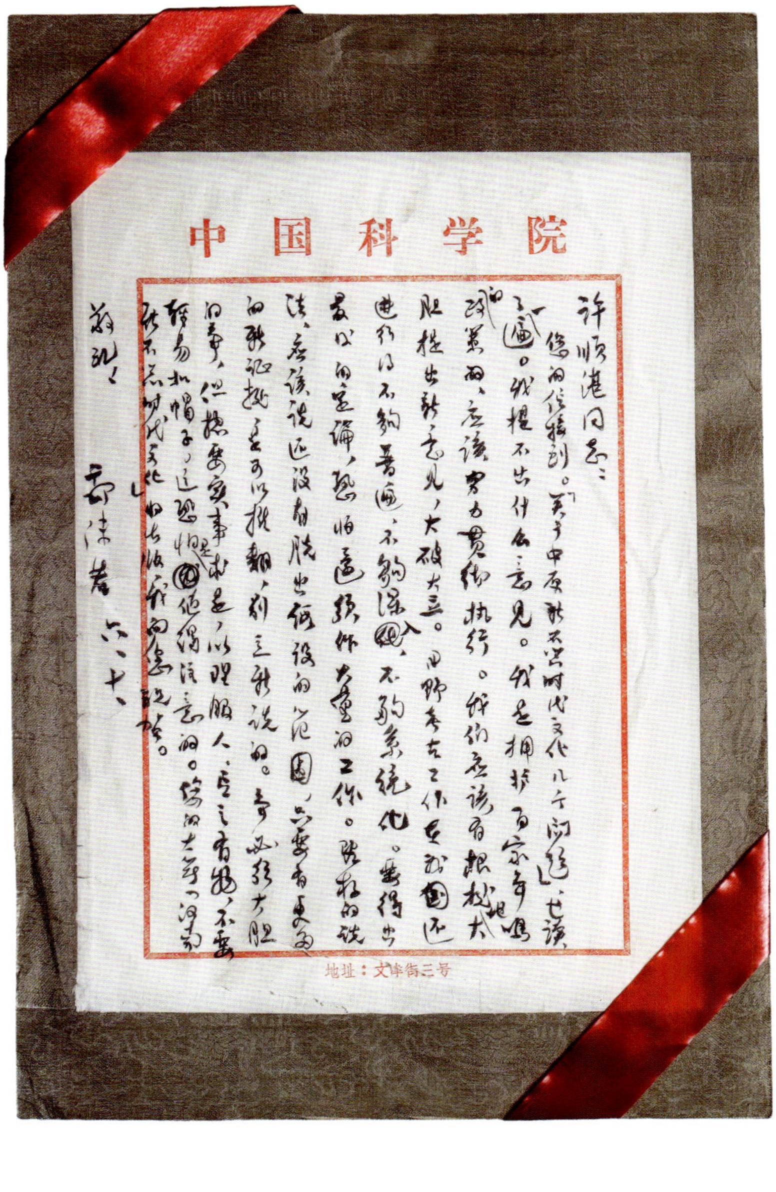

中国科学院

许顺湛同志：

您的信接到。关于中原新石器时代文化几个问题，也读了一遍。我提不出什么意见。我是拥护百家争鸣的政策的，应该努力贯彻执行。我们应该有根据地大胆提出新意见，大破大立。田野考古工作在我国还进行得不够普遍，不够深入，不够系统化。要得出最后的定论，恐怕还须作大量的工作。既有的说法，应该说还没有脱出假设的范围，只要有更多的新证据，是可以推翻，另立新说的。事必须大胆的事，但根据要实事求是，以理服人，言之有据，不要轻易扣帽子。这恐怕是值得注意的。您的大著河南新石器时代文化的长处我所同意的地方很多。

敬礼！

郭沫若 六.十.

地址：文津街三号

《广阔天地是战场》连环画手稿

◆◆ 20世纪70年代

◆◆ 长24.5厘米，宽16厘米

◆◆ 2014年6月征集

◈ 这是20世纪70年代由上海市红星农场业余美术组编绘的《广阔天地是战场》连环画手稿，共计9张。

娄玮为“博物馆建设”邮票设计的初稿

◆◆ 2001年

◆◆ 长25.5厘米，宽12.9厘米

◆◆ 2002年6月接受捐赠

◈ 这是2001年娄玮为系列邮票“博物馆建设”所画的邮票原稿，上面有设计师娄玮的亲笔签名。这五家博物馆分别是陕西历史博物馆、上海博物馆、河南博物院、西藏博物馆、天津自然博物馆。

国际天文联合会颁发的第四届“埃德加·威尔逊彗星奖”奖牌

◆◆ 2002年

◆◆ 长26.5厘米，宽33厘米

◆◆ 2011年7月接受捐赠

◈ 这是2002年开封业余天文爱好者张大庆发现池谷-张彗星后，国际天文联合会颁发给张大庆的第四届“埃德加·威尔逊彗星奖”奖牌。这是中国业余天文爱好者首次获得这项国际大奖。

◈ 这是由中国画院院士、著名画家黄永玉先生设计的“丙申年”特种邮票小版票，彩版，一套两张。图案内容分别为灵猴献瑞和福寿双至。整套邮票色彩明快，猴子图案活灵活现、憨态可掬。

“丙申年”特种邮票小版票

- 2016年
- 长12.8厘米，宽18厘米
- 2016年12月征集

杂项

玻璃舍利塔

◆◆ 元代（1271年—1368年）

◆◆ 高28厘米，基座边长10厘米

◆◆ 2016年11月接受捐赠

◈ 该塔通体由玻璃制成，分为基座、塔身和塔刹三部分。最下端为六角形束腰基座，沿塔基有两层阴刻莲瓣纹。塔身为圆形覆钵体，中空，一面有桃形塔门。上有圆形仰覆莲塔刹座，刹座上有圆锥形七层相轮，再上为莲座，刹顶为火焰宝珠样式。塔身内放置有6块佛骨、13粒白色圆形舍利子和78粒五彩舍利。塔是佛教的一种建筑类型，原意是坟墓，最初是用来埋藏佛骨舍利的，具有非常神圣的宗教象征意义。佛塔大约在汉代末期传入中国内地，历经多年的发展，逐渐与中国传统的建筑文化相融合，演化出十分丰富的种类。

“王守仁”题款叶形端砚

- 明代正德年间（1506年—1521年）
- 通高6厘米，长25.5厘米，宽16.5厘米
- 2016年12月征集

◈ 砚为石质，并附有木盒。砚面有使用痕迹，正面为不规则椭圆形，背面随形而雕，呈白菜样式，布局讲究，掩饰了石材两侧的瑕疵。砚首的白菜帮样式分离出砚池，砚池内刻有细纹，表现出白菜的菜叶纹路。砚堂宽敞，砚台整体浑朴大方。背面白菜茎部有阴刻楷书“正德辛未文选司员外郎”，另有隶书落款“伯安王守仁置”及篆体“墨戏”印文。

花梨木太师椅、几

◆◆ 清代（1616年—1911年）

◆◆ 椅高100厘米，长60厘米，宽46.5厘米

几高79.5厘米，长39.8厘米，宽35.4厘米

◆◆ 2005年3月征集

◈ 椅、几均为花梨木制成。椅为弧形，以席编织作面，四周为板，靠背略曲，正中透雕简单兽纹和灵芝纹，四腿直立。几为正方形，面光素，下端有一格板，四侧雕有兽纹和桃纹，四腿直立。

木雕牡丹花纹装饰板（2件）

◆◆ 民国时期（1912年—1949年）

◆◆ 均长32.5厘米，宽20厘米，厚0.9厘米

◆◆ 2013年8月征集

◈ 木质。两板均呈长方形，开光内浮雕牡丹花卉纹，底部铺有钿沙。外框一周饰花卉纹，背面光素。

木雕戏曲人物装饰板

◆◆ 民国时期（1912年—1949年）

◆◆ 长31.2厘米，宽13厘米，厚1.4厘米

◆◆ 2013年8月征集

◈ 木质。体呈长方形。装饰板开光内浮雕戏曲人物三人。左边两人为短打武生，均手持短刀。右边一人为花脸，身着长靠，双手持长矛。背面光素。

木雕戏曲人物装饰板

◆◆ 民国时期（1912年—1949年）

◆◆ 长31.2厘米，宽13厘米，厚1.4厘米

◆◆ 2013年8月征集

◈ 木质。体呈长方形。装饰板开光内浮雕戏曲人物三人。中间一人为短打武生，一手持短刀。左右两边为长靠花脸，其中左边花脸手持长柄大刀，右边花脸一手持弓置于背后。背面光素。

木雕戏曲人物装饰板

◆◆ 民国时期（1912年—1949年）

◆◆ 长24厘米，宽8厘米，厚1.1厘米

◆◆ 2013年8月征集

◈ 木质。体呈长方形。装饰板扇形框内浮雕戏曲人物三人。中间一人为须生，一手持扇。左右两边为短打武生，其中左边一人手持长柄大刀，右边一人手持短刀，两人均一腿弓起，一腿蹬直。背面光素。

木雕戏曲人物装饰板

◆◆ 民国时期（1912年—1949年）

◆◆ 长24厘米，宽8厘米，厚1.1厘米

◆◆ 2013年8月征集

◈ 木质。体呈长方形。装饰板扇形框内浮雕戏曲人物三人。中间一人为须生，一手高举。左右两边为短打武生，其中右边一人手持短刀，两人均一腿弓起，一腿蹬直。背面光素。

木雕戏曲人物装饰板

◆◆ 民国时期（1912年—1949年）

◆◆ 长40厘米，宽13.5厘米，厚1.5厘米

◆◆ 2013年8月征集

◈ 木质。体呈长方形。装饰板开光内浮雕戏曲人物三人。左边两人为花脸形象。右边一人为须生，站于门内，一手持扇，一手捋须。画面左边雕一棵树，人物脚下雕有路面纹饰。雕版开光内外均铺有钿沙，外为绿色，内为红色。背面光素。

木雕戏曲人物装饰板

◆◆ 民国时期（1912年—1949年）

◆◆ 长40厘米，宽13.5厘米，厚1.5厘米

◆◆ 2013年征集

◈ 木质。体呈长方形。装饰板开光内浮雕戏曲人物三人。左边一人为须生，站于门内，一手持扇。右边两人为花脸，其中一人一手持扇。画面左边雕有门窗，右边雕树木，人物脚下雕有路面纹饰。雕版开光内外均铺有钿沙，外为绿色，内为红色。背面光素。

木雕戏曲人物装饰板（2件）

◆◆ 民国时期（1912年—1949年）

◆◆ 均长17.5厘米，宽13.5厘米，厚1.5厘米

◆◆ 2013年8月征集

◈ 木质，均呈长方形。左侧装饰板开光内浮雕戏曲人物三人。左边一人为武丑形象，一手持长柄大刀。中间一人为老生。右边一人为武生。底部铺红、白两色钿沙，外框一周饰回纹。背面光素。右侧装饰板开光内浮雕戏曲人物三人。左边一人为武丑形象。中间一人为武花脸，一手举起，另一手叉腰，一腿高高抬起。右边一人为武生。底部铺红、白两色钿沙，外框一周饰回纹。背面光素。

木雕戏曲人物装饰板（2件）

◆◆ 民国时期（1912年—1949年）

◆◆ 均长17.5厘米，宽13.5厘米，厚1.5厘米

◆◆ 2013年8月征集

◇ 木质，均呈长方形。上方装饰板开光内浮雕戏曲人物三人。左边人物为青衣，一手持扇。中间一人为武旦，一手高举，一脚点地。右边人物为武花脸，一手高举，一腿抬起。底部铺蓝、白两色钿沙。背面光素。下方装饰板开光内浮雕戏曲人物三人。左边人物为武旦，一手高举，一脚点地。中间人物为武花脸，一手持一物，另一手高举。右边人物为武生，一手撩开衣襟。底部铺蓝、白两色钿沙。背面光素。

木雕戏曲人物装饰板（2件）

◆◆ 民国时期（1912年—1949年）

◆◆ 均长18.5厘米，宽14厘米，厚1.5厘米

◆◆ 2013年8月征集

◈ 木质，均呈长方形。上方装饰板委角开光内浮雕戏曲人物三人。左边人物为武花脸，一手高举，另一手持扇，一腿抬起。中间人物为短打武生，俯身面向右边人物。右边人物为彩旦，坐于地上，一手扶地。外框一周饰花卉纹。背面光素。下方装饰板委角开光内浮雕戏曲人物三人。左边人物为架子花脸，双臂高举，双手握拳，一腿抬起。中间人物为武丑，一手高举，一腿弓起，另一腿蹬直。右边人物为长靠武生，一手高举，一腿抬起。外框一周饰花卉纹和万字纹。背面光素。

木雕戏曲人物装饰板（2件）

◆◆ 民国时期（1912年—1949年）

◆◆ 均长18.7厘米，宽14厘米，厚1.5厘米

◆◆ 2013年8月征集

◇ 木质，均呈长方形。上方装饰板委角开光内浮雕戏曲人物三人。左边人物为武丑，双脚朝上、手撑地呈倒立状。中间人物为武花脸，手扯衣襟，一腿抬起。右边人物为架子花脸，手撩衣襟，一腿抬起。外框一周饰花卉纹。背面光素。下方装饰板委角开光内浮雕戏曲人物三人。左边人物为架子花脸，一手高举，一脚往前迈。中间人物为武丑，一手高举，一腿抬起。右边人物为武老生，一手高举，另一手握拳，一腿抬起。外框一周饰花卉纹和万字纹。背面光素。

木雕戏曲人物装饰板（2件）

◆◆ 民国时期（1912年—1949年）

◆◆ 均高56.5厘米，宽37.7厘米，厚3厘米

◆◆ 2013年8月征集

◈ 木质，均呈长方形。左侧装饰板椭圆形开光内浮雕戏曲人物两人。两人均骑于马上，马呈奔腾状。左边人物为长靠武生，双手持长矛。右边人物为武旦，一手持剑，另一手持飘带。背景雕云彩、山石。四角雕花卉图案。背面光素。右侧装饰板椭圆形开光内浮雕戏曲人物两人。两人均骑于马上，马呈奔腾状。左边人物为武旦，一手持长柄大刀，另一手持套索。右边人物为长靠武生，双手持长枪。背景雕云彩、山石、旗帜。四角雕花卉图案。背面光素。

书画

齐白石国画《红叶蜻蜓》图轴

◆◆ 现代

◆◆ 纵69厘米，横34厘米

◆◆ 2006年3月征集

◈ 这件齐白石的设色写意花卉《红叶蜻蜓》图轴，画面左上角有作者自题“戊子年八十八岁白石老人”，并有“木人”阳纹印记一方。画面右下方钤有“问君能有几多愁”阳纹压角印一方。齐白石是享誉世界的近代著名艺术家，集诗、书、画、印成就于一身。齐白石喜爱以“雁来红”入画，其以“雁来红”为主题的作品不仅数量众多，而且独具代表性。这幅画作创作于白石老人晚年之时，是其创作的顶峰时期。“雁来红”有“老来红”的隐喻，满纸的红叶体现了金秋时节的生机勃勃，寄托了齐白石希望晚年身体康健的心愿。斜对角式的构图，使画面平衡又充满动感，红叶错落间疏密有致，意趣灵动，一只墨绿色的蜻蜓穿插其间，位置极其考究，展现了齐白石的高超技艺。

戊子年八十八歲白石老人

汤文选国画《卧虎图》图轴

- 当代
- 纵96厘米，横55厘米
- 2000年3月接受捐献

◈ 此画为汤文选所绘的水墨写意《卧虎图》。画面右上为作者自题款，上有一圆形阳文“汤”印记。汤文选是20世纪的写意大师，他用精简的笔墨开创了自己独特的水墨大写意新风尚。汤文选从1985年起就开始致力于水墨画虎的研究，从精细的水墨写意画法到寥寥数笔已形神兼备，他抓住了不同时期的虎的性格特征，成为画坛的“画虎圣手”。这幅画创作于2000年，是汤文选画虎成熟时期的作品。画中以大刀阔斧的用笔、浓淡参差错落的墨色描绘了松下休憩的老虎，韵味十足。

李自强国画《一唱天下白》图轴

- 当代
- 纵153厘米，横84厘米
- 2014年8月接受捐赠

◈ 这件作品为李自强所绘的水墨写意雄鸡图。画中描绘了清晨一只体态雄健、神采飞扬的雄鸡站立于山石顶鸣啸的场景。右下角有作者自题“一唱天下白，自强画于丁亥秋”，并有“李自强”“豫西人”阴、阳纹印记各一方。整幅作品用墨鲜活大胆，用纯色入画又不失雅致，干枯皴染间尽显雄鸡风采，背景处金色的累累硕果映衬着轩昂的雄鸡，充满了朝气。李自强，河南汝阳人，擅长中国画，曾任河南省书画院常务副院长等职。

一唱天下白

李自强国画《红果飘香》图轴

◆◆ 当代

◆◆ 纵137厘米，横69厘米

◆◆ 2014年8月接受捐献

◈ 这件作品为李自强所绘的设色写意画《红果飘香》，左上方为作者自题款“乙丑春月，自强画，红果飘香”，另有“李”“自强”朱文、白文印各一方。李自强善画松鼠，这在中国画动物题材中较为少见。他所画的松鼠常三两成群，在山野间追逐秋日红果，无忧无虑，活泼灵动，风格鲜明。这幅画上的几只松鼠正寻红果馨香而来，大笔挥扫的尾巴，仿佛能看到松鼠来时的迅疾，动静画面中的表现体现了画家对笔墨的超强驾驭能力。

红果飘香

李自强国画《山野之秋》横批

- 当代
- 纵69厘米，横137厘米
- 2014年8月接受捐献

◈ 这件作品为李自强所绘的设色写意画《山野之秋》横批，画面右下角有作者款印“山野之秋，丁亥年，自强画”，另有“李自强”白文印和“豫西人”朱文印各一方。画面以金秋时节硕果累累的山野为背景，水墨没骨松鼠为主角，设色统一，零散的红果摇曳于枝头，点缀着棕褐色调的画面，平衡了画面色彩。松鼠跳跃攀爬于树枝上，灵活机警，生趣盎然。画家用湿墨描写松鼠皮毛的松软与可爱，用干墨皴染山石树枝的坚硬质感，用笔简括，尽显笔墨情趣。

刘万林国画《白梅》横批

◆◆ 当代

◆◆ 纵123厘米，横248厘米

◆◆ 2011年1月接受捐赠

◈ 这幅作品为刘万林所绘的水墨白梅图，右上角题有“铁骨立风雪，幽香透国魂。庚寅年立秋，万林写于京华大运河畔”，后为两方署印。刘万林，河南汝州人，国家一级美术师、教授。他涉猎广博，既立足于传统绘画，又不断推陈出新，探索东西方艺术的精髓并融于现代审美。刘万林画作多为大幅尺寸，这幅《白梅》采用横贯的图式，凌空横斜的梅花梅枝尽显傲骨之气，整体画面构图密而不塞，层次鲜明，笔墨丰富，展现了一派欣欣向荣的景象，同时也以白梅的高洁表达了画家自己的人生态度。

舒春光国画《瀚海欢歌》图轴

◆◆ 当代

◆◆ 纵163厘米，横96厘米

◆◆ 2012年3月接受捐赠

◈ 这件作品描绘了新疆边塞人民的人文景观。画幅顶端有自题款“瀚海欢歌”及“旺时歌舜日，圣代乐尧天，风扫千峰雪，云开万岭细。辛卯夏月写于天山之麓　春光”，后有“舒氏”及“春光之印”印记两方。舒春光是中国边陲大漠山水画派创始人，带着对新疆边塞的炽热感情，一生致力于西部大漠山水画的创新与发展，在西域文化意识和时代精神的结合上创建了自己的艺术风格，为中国画坛吹来了一股清新、强劲之风。这幅《瀚海欢歌》图画中大面积展现了画家擅长的无遮无盖的秃岭童山，用没骨法处理块面之间的穿插关系，墨彩间的玄妙令观者为之震撼，画面下端点缀着多姿多彩的边塞人民生活景象，展现了新疆人民的热情奔放和风土人情。

瀚海歡歌

谢瑞阶水粉《黄河泊舟》斗方

◆◆ 当代

◆◆ 纵38厘米，横50厘米

◆◆ 2006年5月征集

◈ 该幅作品为水粉画，右下角有“一九六六年　谢瑞阶”落款及“谢瑞阶”阳纹印鉴一枚。谢瑞阶是中原地区杰出的艺术家，擅长描绘突出黄河风韵的题材。此画在水粉画原有质感的基础上融合了国画和西方绘画的技巧与笔法，描绘了夕阳下黄河岸边一角、人们航行归来在岸边泊船的景象。画家并不以描绘黄河的气势磅礴为要，而是选取了黄河静谧温暖的一面，生活气息浓郁。近景到远景的纵深感和层次感被渲染得淋漓尽致，依然可见黄河的开阔与浩荡之气。远处山脉悠远平淡，水天一色，近处用赭石与墨色叠加，表现出岸边黄土的体积和沟壑，创新与大胆地尝试油画和中国画于笔触间的交织与碰撞。河岸相交处，水纹浓淡虚实的处理与线面的变化，量化了水的体积感。桅杆上红旗飘飘，在昏黄的背景下十分醒目。

张凭国画《砥柱》斗方

◆◆ 当代

◆◆ 纵179厘米，横177.5厘米

◆◆ 2013年5月接受捐赠

◈ 这件作品画的是三门峡砥柱山，上方有作者题“黄河自昆仑积石山而下，北过龙门，东至砥柱，纳水不啻万流，越山不啻千里，虽崇岭峻巘，俱避之左右，无一能当之者。独此柱高不及数寻，围不及百丈，乃巍然中流。上撑昊天，下系厚地，污浊不染，波荡不去，亘万古不磨，屹立神州，奇伟壮观，可歌可赞。辛未年夏于北京东郊寂斋　张凭”。

张凭，河南新乡人，曾任中央美术学院中国画系主任与教授，师从李可染、叶浅予、蒋兆和、李苦禅等老一辈国画大家。他的创作吸收了西方笔墨艺术形式，对传统山水画观念及绘画语言的革新做出了重要的贡献，给山水画创作带来了新突破。此幅画用别具一格的构图视角，展现了在气势汹涌的黄河中屹立不倒、坚定不移的砥柱山石。画中用色大胆创新，将胶、矾等溶剂融入墨色中，使得画面呈现极强的装饰感及艺术性，同张凭另一幅作品《屹立》中巨石所表现的态度有异曲同工之妙，展现了顽强不屈、刚毅坚韧的民族性格。

砥柱

田零国画《群鸡图》图轴

- 当代
- 纵95厘米，横51厘米
- 2006年8月征集

◈ 画中描绘了一枝招展的红梅下一只母鸡带领四只小鸡觅食的场景，寓意“眉开大吉”。右上角有作者自题款“丙寅甲春七旬叟青望画”及“青望”阴文印记一枚，左下角有“田零七十后作”阳文印记一枚。田零，河南长葛人，字青望，擅长油画及中国画。田零注重以墨丰姿，焦墨渴笔描写母鸡的羽毛姿态，小鸡则多用淡墨色湿笔以表现其稚嫩和毛羽的质感差异。母鸡觅食时聚精会神，意气风发，小鸡仰头回首间动态十足，生动形象。鲜艳的梅红和青翠的草绿点染丰富了画面，展现了一派生机盎然的早春景象。

丙寅早春七旬叟青坐画

王根生国画《人物》图轴

◆◆ 当代

◆◆ 纵108厘米，横67厘米

◆◆ 2006年8月征集

◈ 此画中少女双手抱腿坐在梨花树下，身边放《花间集》书一本。画的左下方有“根生”“王氏古印”阴、阳文印记各一方。王根生，中国美术家协会会员、工笔画家，他的工笔人物画是21世纪画坛上的璀璨明珠，以当代都市少女的纯情生活和浪漫情怀为主题的工笔人物画是其擅长的题材之一。王根生笔下的少女常有梨花相伴，梨花花色洁白，象征纯洁美好。少女面容娇美，内敛羞涩，恬静纯真，仿佛注视着画外的一切，欲与观者有心灵的交流。王根生用精致而细腻的笔触阐释主题人物，少女的气质个性跃然纸上，整幅画面充满诗意和浪漫情怀。

花間集

罗尔纯油画《女演员》

◆◆ 当代

◆◆ 纵71.8厘米，横60厘米

◆◆ 2014年9月接受捐赠

◈ 罗尔纯是中国油画发展进程中第三代油画家代表之一，有着“东方凡·高”的美誉。这幅作品是一位年轻女演员的肖像画，画面以红黄色调为主，明亮的色彩和自然的变形手法是罗尔纯强烈的个人风格。罗尔纯充分吸收了印象主义中的光感和色彩，画面中于有触感的肌理、色彩的叠加及整合间融入纯蓝纯绿的笔触，跳跃而鲜艳，冷暖色调互补，展现了女演员的明丽动人，人物的姿态、情绪的表达也尽在色彩的渲染之中。他的作品中并没有严格遵守比例和透视关系，从形与色的冲突对比间能看出其强大的造型能力，包括人物皮肤及衣服的色彩处理，相互呼应，自然又不乏装饰性趣味。

于右任草书对联

◆◆ 现代

◆◆ 纵39厘米，通宽66厘米

◆◆ 2000年8月接受捐赠

◈ 于右任是我国近代著名的政治家、教育家、书法家。他早年学赵孟頫、王羲之等人，汲取魏碑精华，后专攻草书，创立了“标准草书”，即由章草入今草，在字理范围之内追求结体美，被誉为“千古草圣”“中国书法史三个里程碑之一”。此对联内容为“乾坤万里眼，时序百年心”，上联落款“树人先生法正”，下联落款“于右任”。于右任草书少用侧锋，他以中锋入纸，万毫齐力中又能着意于点线波，流畅自然，节奏韵律优雅灵动。

于右任

陈天然行书《铸山煮海》轴

- 当代
- 纵176厘米，横60厘米
- 2000年6月接受捐赠

◈ 陈天然是当代书画家、版画家、诗人，历任河南省书法家协会副主席、河南省书画院院长等职务。他自幼学书法，虽是为了更好地领悟绘画的精神，却练就出了极具个人魅力的书法形式，加上对颜体多年的钻研，创造了名震书坛的“枯藤体”书法。此书轴为陈天然的行草《铸山煮海》轴，落款为“庚辰年陈天然书”，并附署印一枚。从陈天然的书法中可以深刻地体会到“书画同源”的内涵，他用绘画的笔墨技巧书写出了古雅厚重、笔力遒劲、颇具神韵的书法。

张海隶书《观沧海》轴

◆◆ 当代

◆◆ 纵247厘米，横123.5厘米

◆◆ 2014年5月接受捐赠

◈ 这件张海的隶书轴取自曹操的《观沧海》一诗，书云："东临碣石，以观沧海。水何澹澹，山岛竦峙。树木丛生，百草丰茂。秋风萧瑟，洪波涌起。日月之行，若出其中。星汉灿烂，若出其里。幸甚至哉，歌以咏志。"其后题有"曹操观沧海二〇一四年书　张海"，并有"张海之印""书画缘"阴、阳文印记各一方。张海现任中国书法家协会主席、郑州大学美术学院院长。这件书法作品体现了张海隶书突出的个人风格，他的隶书从汉简、魏碑中演变而来，分行布局规整有序，结字方圆有度，用笔爽利明朗，将草书、隶书的运笔结合在一起，自成"草隶"体，带给人视觉的美感与享受。

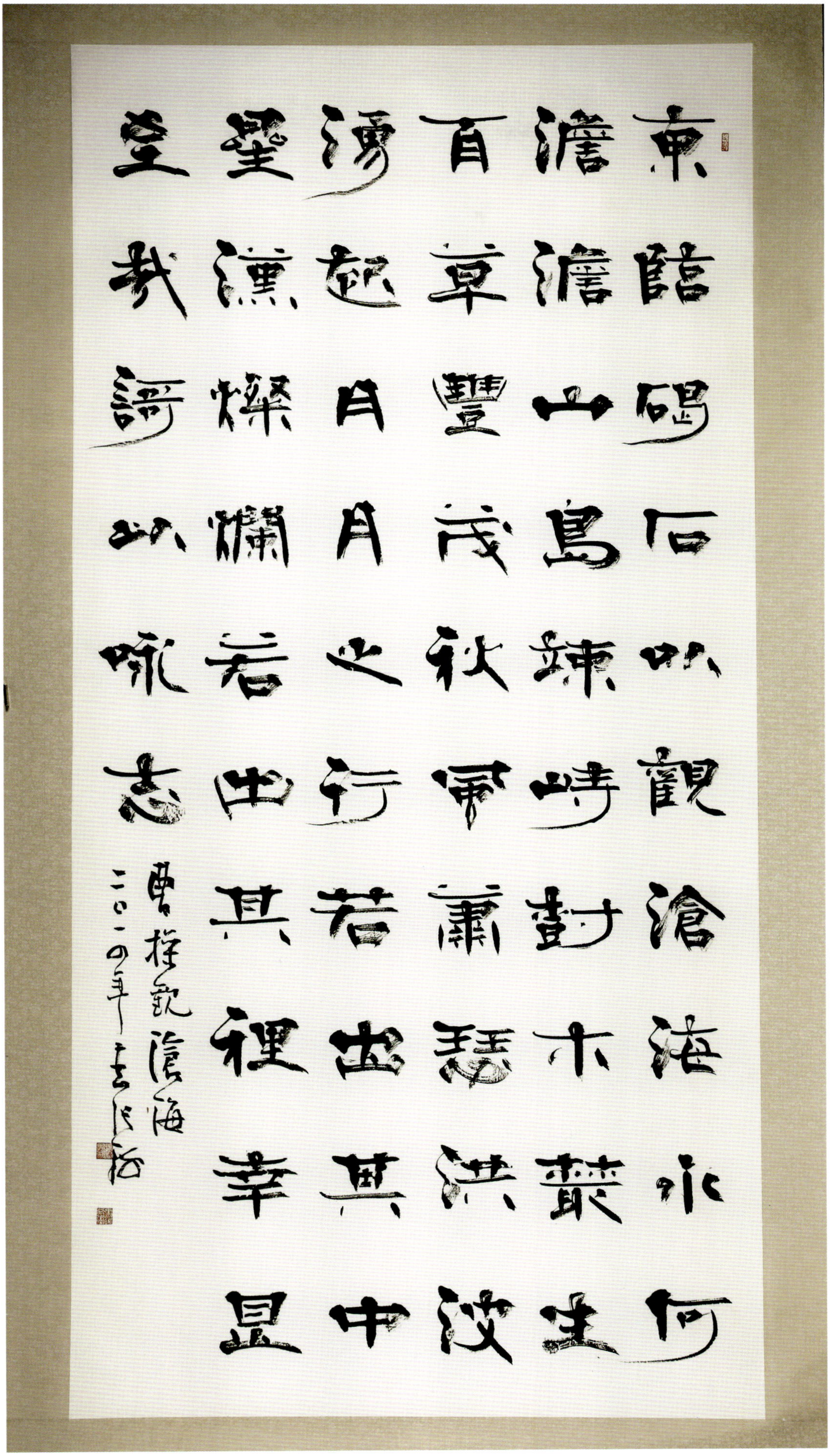
東臨碣石以觀滄海水何
澹澹山島竦峙樹木叢生
百草豐茂秋風蕭瑟洪波
湧起日月之行若出其中
星漢燦爛若出其裡幸甚
至哉歌以詠志
曹操觀滄海
二〇二〇年

张海草书对联

- 当代
- 纵247.5厘米，横54厘米
- 2014年5月接受捐赠

◈ 此副对联为张海草书录前人对联“退一步想，留几分心”，款为“甲午年夏初　张海于京华”，并有“张海之印”“书画缘”阴、阳文印记各一方。张海的“破锋行草书”在书法界备受瞩目，行草笔法挥毫间气韵生动、苍劲率逸，有着强烈的个人风格，用笔也不拘泥于所谓的中锋、侧锋，而是极尽笔锋的变化，提按转锋之间有着骤雨旋风般的声势境界，刚柔相济，润枯相宜，展现了韵律和节奏的美感及简约、放达的审美倾向。

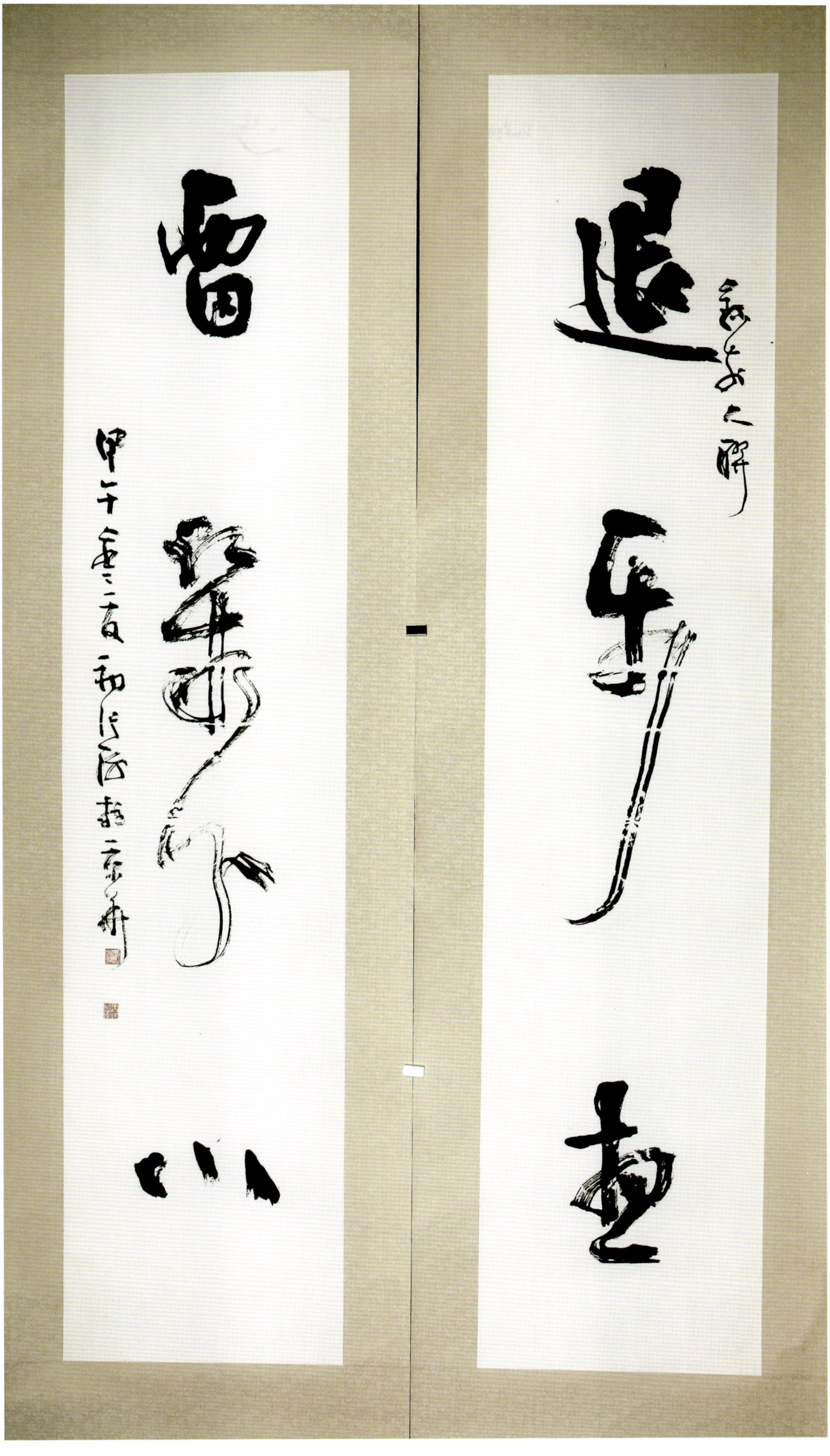

张万庆书法《九体中华龙》横批

- 当代
- 纵165厘米，横395厘米
- 2012年2月接受捐赠

◈ 张万庆是河南省中国画画院院长，其书风和古代的中原书法一脉相承，是当代“中原书风”的一种特立独行的表现形式。他在深厚的传统书法功底基础上，取法汉魏南北朝之前的经典书法，又注重艺术视觉效果，为书法艺术注入了新的表现力。

这件作品主体是一条由甲骨文、金文、篆书、草书、隶书、魏碑和帛书等九种书体组成的巨龙形象，九个龙字高低错落，相互穿插，是对中国数千年有关龙的各类书体的艺术归纳，既传承了中国龙文化精神，又具有时代创新性。下方有“东方旭日升，蓬勃中华龙，兴云布雨济苍生。国泰民殷实，五谷岁岁丰。社稷好，万物和谐人太平，自强不息志，团结拼搏声。驾彩云，舞东风。和平中崛起，奋进里振兴。君不见意气风发中华龙。金秋岁中华龙词一首，岁次壬辰之春。张万庆撰并书”，右下角有“张万庆”阴、阳文印记两方。

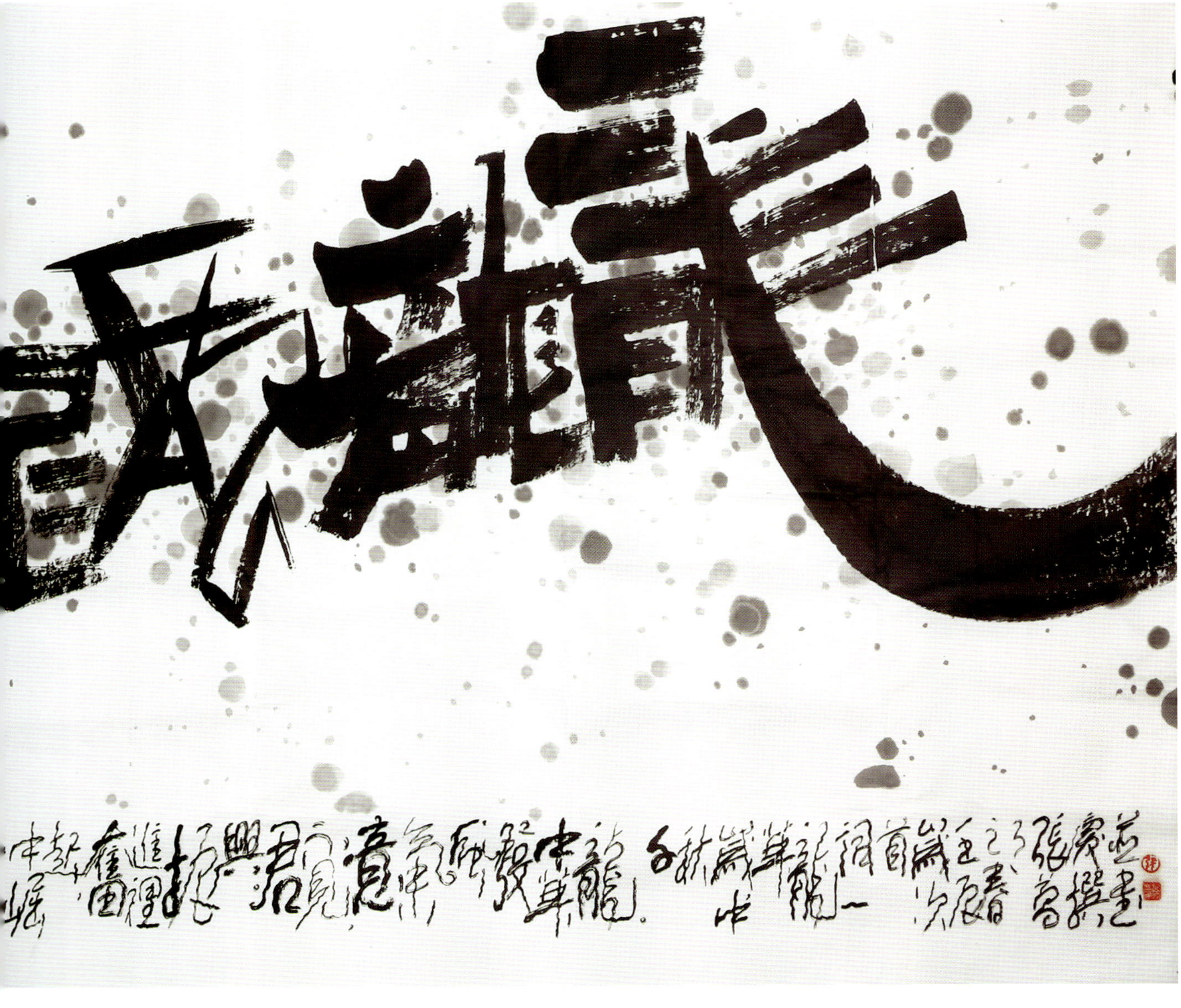

紫砂

《宫壶》紫砂壶

- 当代
- 季汉生、范秀红制
- 通高17厘米，口径7.7厘米×6.2厘米，底径13.1厘米×11.2厘米
- 2018年10月接受捐赠

《一粒米》紫砂壶

- 当代
- 徐卓君制
- 通高8.7厘米，长15厘米
- 2013年5月接受捐赠

《汉韵方钟》紫砂壶

- 当代
- 李霞制
- 通高12.3厘米，长17.5厘米
- 2012年5月接受捐赠

《飞》紫砂壶

- 当代
- 朱斌、范荷合制
- 壶高13.8厘米，口径7.3厘米
  杯高3.5厘米，口径7.3厘米
- 2013年8月接受捐赠

《柿缘》紫砂壶

- 当代
- 范中明制
- 通高9.6厘米，长18.5厘米
- 2013年8月接受捐赠

《豫韵紫香》紫砂壶

- 当代
- 杨芳制
- 壶高16.5厘米，口径7.5厘米
  杯高5厘米，口径7.4厘米
  杯托高1.2厘米，口径11.2厘米
- 2013年8月接受捐赠

《律动》紫砂壶

- 当代
- 吴文新制
- 通高6.8厘米，长17厘米
- 2013年8月接受捐赠

《厚圆》紫砂壶

- 当代
- 董亚芳制
- 通高8.7厘米，长15.5厘米
- 2013年8月接受捐赠

《东方第一枝》紫砂壶

- 当代
- 范秀芳制
- 通高8.5厘米，长17厘米
- 2013年8月接受捐赠

《旭日东升》紫砂壶

- 当代
- 范顺君制
- 通高15.5厘米，长19厘米
- 2013年8月接受捐赠

《和之韵》紫砂壶

- 当代
- 范伟群、勇淑英制
- 通高11厘米，长19.3厘米
- 2013年8月接受捐赠

后 记

文物征集是博物馆藏品来源的重要途径之一，也是丰富馆藏的重要手段。河南博物院依据自身定位，在文物征集过程中重点搜集具有历史价值、艺术价值和科学价值的文物，兼顾丰富馆藏文物的种类与序列，补齐馆藏文物的时代断点。为向社会展示近年来文物征集成果，向学界公布一些具有研究价值的文物资料，同时思考在文物征集过程中的不足与缺憾，特选择二十余年来所征集文物中各类别的部分精品予以出版。

本图录所选历年征集文物及其文字说明，由张建民主持完成，藏品管理部王琼、张俊儒、李莎、龚曼、张晓蔚、朱宏秋、李玲、许晓丽、刘小磊、郭灿江、石晓霆参与撰写及提供文物数据等基本信息。图片由文保中心牛爱红、秦一拍摄提供。

在本图录的编写过程中，河南博物院的领导给予了诸多的关心与支持，并对图录的编写、出版提出了宝贵意见，张得水副院长，研究部武玮主任、曹汉刚副主任、向祎对本书的编审校对付出很多心血。付梓之际，深表谢忱！

编者

2019 年 11 月